Erfolg
mit Aktien

Alf-Sibrand Rühle

Erfolg mit Aktien

Börsen-Know-how für Einsteiger

Topaktuell: Die besten Aktienlinks im Internet Die Börse und der Euro

Aktualisierte und völlig überarbeitete Ausgabe des gleichnamigen Titels mit der ISBN-Nummer 3-8068-1663-8.

ISBN 3 8068 2277 8

© 1999 by FALKEN Verlag, 65527 Niedernhausen/Ts.

Umschlaggestaltung: Peter Udo Pinzer
Nachauflagenredaktion: Regine Gamm
Herstellung: Ulrich Klein
Titelbild: Peter Udo Pinzer
Grafiken: S. 22 mit freundlicher Genehmigung der Commerzbank AG, Frankfurt/Main, S. 57, 58, 59 mit freundlicher Genehmigung des Deutschen Aktieninstituts e.V., Düsseldorf, S. 78 mit freundlicher Genehmigung der Deutschen Börse AG, Frankfurt/Main

Satz: Raasch & Partner GmbH, Neu-Isenburg
Druck: Ludwig Auer GmbH, Donauwörth

817 2635 4453 6271

Inhaltsverzeichnis

Die Entstehung des Aktienwesens

Die Handelskompanien der Kolonialzeit

Schon im 17. Jahrhundert erkannten Kaufleute, dass sich große Handelsunternehmen am besten gründen und führen ließen, wenn mehrere Kapitalgeber zu einer Investorengruppe vereinigt wurden, denn die Mittel für Großprojekte konnten dann gemeinsam aufgebracht werden. Insbesondere der Überseehandel, für den Handelsflotten gebaut und ausgerüstet werden mussten, die oft monate-, manchmal sogar jahrelang unterwegs waren, erforderte hohe Anlaufinvestitionen.

Historiker tun sich schwer unter diesen frühen Handelsgesellschaften die erste *Aktiengesellschaft* der Geschichte eindeutig auszumachen. Das liegt daran, dass eine Aktiengesellschaft heutzutage nur als solche anerkannt wird, wenn eine Reihe wesentlicher Merkmale erfüllt sind. Dazu zählen:

Wesentliche Merkmale einer Aktiengesellschaft

- Aktionäre sind Miteigentümer der Gesellschaft.
- Aktionäre haben Anspruch auf Gewinnbeteiligung.
- Die Haftung der Aktionäre ist auf die Höhe des von ihnen eingebrachten Grundkapitals beschränkt.
- Anteile an der Gesellschaft sind übertragbar.

Diese Kriterien wurden jedoch von den ersten Gesellschaften oft nur teilweise erfüllt. Doch unter Historikern gibt es ohnehin verschiedene Auffassungen darüber, welches dieser Merkmale ganz oder teilweise entbehrlich ist, um eine frühe Unternehmung als Aktiengesellschaft anerkennen zu können.

Die erste Aktiengesellschaft

Nach der überwiegend vertretenen Auffassung gilt jedoch die *Holländisch-Ostindische Kompanie*, die 1602 in den Niederlanden gegründet wurde und bis 1799 bestand, als erste Aktiengesellschaft „moderner" Prägung. Ihre Anteile wurden an der Amsterdamer Börse gehandelt.

Charakteristisch für die ersten Aktiengesellschaften, die sämtlich in der Zeit des Kolonialhandels gegründet wurden, waren die Handelsmonopole und staatlichen Privilegien; ausgestattet mit diesen Rechten konnten die Kapitäne der Handelsflotten an den Küsten ferner

Länder quasi als politische Vertretung ihres Heimatlandes auftreten. So war das so genannte *Oktroi,* das der Handelskompanie die Rechtspersönlichkeit gab und ihr staatliche Hoheitsrechte verlieh, kennzeichnend für damalige Aktiengesellschaften. Die Bedeutung dieses Oktrois lag darin, dass die Besatzungen der Handelsschiffe damit das Recht, ja sogar den Auftrag bekamen, in Übersee Ländereien zu *oktroyieren,* dort also als Kolonialmacht aufzutreten und neue Gebiete, die interessante Rohstoffe und Waren boten, für ihren Landesherren in Besitz zu nehmen.

Das Oktroi wurde für lange Zeit gegeben. Von der *Westindischen Kompanie* ist beispielsweise überliefert, dass es ihr 1621 für die Dauer von 24 Jahren für Westafrika, Amerika und alle atlantischen Inseln zuerkannt wurde.

Handels-kompanien der Kolonialzeit

So können die niederländischen Handelskompanien der Kolonialzeit als Wiege des Aktienwesens, darüber hinaus aber auch als Geburtsstätte der Spekulation und des Terminhandels angesehen werden: Noch bevor die Zeichnungsfrist auf das Kapital der *Holländisch-Ostindischen Kompanie* vorüber war, wurden deren Aktien bis zu 15 Prozent *über pari,* das heißt über ihrem Nennwert gehandelt. Tägliche Kurssprünge von bis zu 30 Prozent waren in der Folge keine Seltenheit. Frühzeitig kam auch das *Beleihen* der Papiere und das Handeln *per Termin* auf, wobei Käufer und Verkäufer Preis und Lieferung für einen Termin in der Zukunft im Voraus vereinbaren. Die Seereisen jener Tage waren mit vielen Risiken verbunden. Die Nachrichten über den Erfolg der ausgesandten Handelsschiffe trafen – wenn überhaupt – nur mit monatelanger Verspätung und aufgrund mündlicher Überlieferung meist stark verfälscht und somit höchst unzuverlässig im Heimatland ein. Deshalb schwankte der Kurs der Aktien nicht nur aufgrund des stark wechselnden wirtschaftlichen Erfolgs der einzelnen Handelsreisen, sondern auch infolge der zahlreich kursierenden Gerüchte, die sogar zum Teil aus spekulativen Gründen gezielt verbreitet wurden.

Beleihen der Papiere und Handeln per Termin

Am Beispiel erhalten gebliebener Kursnotierungen der Aktie der *Holländisch-Ostindischen Kompanie* lässt sich erkennen, dass die Kurse im Laufe der Jahre stark schwankten: 1622 notierte die Aktie mit 300 Prozent ihres Nennwertes, 1720 kletterte der Kurs auf 1.260 Prozent, 1781 war er wieder auf 215 Prozent zurückgegangen. Aktionäre der damaligen Zeit mussten sich mit der Rolle reiner Geldgeber zufrieden geben. Die Überwachung des Vorstandes – wie es heute der Fall ist – war in keiner Weise gewährleistet. Die Auffor-

Starke Kurs-schwankungen

derung zur Rechenschaftslegung wies das Unternehmen bestenfalls als Unverschämtheit zurück.

Auch von einer Dividendenkontinuität im heutigen Sinne, der regelmäßigen Ausschüttung von Erträgen also, konnte keine Rede sein.

Aktionäre: Spitzname „Pfeffersäcke"

Es gab einerseits ausschüttungsfreie Jahre, andererseits auch Jahre, in denen mehrere Ausschüttungen erfolgten. Oftmals wurde dabei in Naturalien gezahlt, weshalb die Aktionäre bald den Spitznamen „Pfeffersäcke" verpasst bekamen.

Buchführung und Bilanzierung ließen in ihrer Genauigkeit sehr zu wünschen übrig. Der Erfolg der Kompanien war also weniger einer geschickten Vorstandsarbeit zuzuschreiben, sondern er basierte weitgehend auf der Monopolstellung und den Privilegien, die die Gesellschaften durch das ihnen zuerkannte Oktroi genossen und das sie praktisch von jeder unerwünschten Konkurrenz verschonte.

Zu Beginn des 18. Jahrhunderts kam es in den Niederlanden zu einem Boom spekulativer Neugründungen. Viele Gesellschaften verschwanden aber ebenso schnell wieder, wie sie aufgetaucht waren. Einige hatte man von vornherein in Betrugsabsicht gegründet. Während sich das Geschäft 1688 in Amsterdam noch auf zwei, später drei Aktiengattungen beschränkte, wuchs die Zahl der notierten Gesellschaften bis 1747 auf 44 an.

Die Entwicklung des Aktienwesens in Europa und in Übersee

Auch in Großbritannien entwickelte sich frühzeitig ein Aktienwesen. Die *East-India-Company,* den holländischen Handelskompanien ähnlich, nahm 1613 die Gestalt einer Aktiengesellschaft an, die bis 1858 bestand. Mitte des 18. Jahrhunderts nahm das Aktienwesen in England einen starken Aufschwung aufgrund zahlreicher Gründungen zum Straßen- und Kanalbau. Diese Gesellschaften brachten erhebliche Mittel auf. Von ihrem Erfolg zeugen die zum Teil starken Kurssteigerungen. Auch hier blieben Rückschläge jedoch nicht aus: Eine durch Betrügereien herbeigeführte Katastrophe im Aktienhandel führte 1826 dazu, dass viele Gesellschaften ihre Tätigkeit einstellen mussten.

Die erste amerikanische Aktiengesellschaft

In Amerika entstand die erste Aktiengesellschaft schon vor der Unabhängigkeitserklärung der 13 Neuenglandstaaten, die 1776 erfolgte. 1751 wurde *The Philadelphia Contributionship for Insuring*

Houses from Loss by Fire, eine Feuerversicherungsgesellschaft, gegründet. Den wesentlichen Motor zur Gründung von Aktiengesellschaften bildete in der Folge der Eisenbahnbau. Die Landerschließung des riesigen Kontinents erforderte nämlich einen immensen Kapitalbedarf, und die Form der Aktiengesellschaft war besonders geeignet, viele kleinere Summen zu bündeln. So war der Bau der großen Eisenbahnstrecken fast untrennbar mit der Finanzierung über Aktienemissionen gekoppelt. Die Eisenbahnaktien dominierten über Jahrzehnte den Kurszettel in den Vereinigten Staaten. So sehr, dass der erste *Aktienindex,* der 1884 veröffentlicht wurde, den Namen *Railroad Average* erhielt, da in ihn fast nur Kurse von Eisenbahnaktien Eingang fanden.

Der Eisenbahnbau bringt die Dinge ins Rollen

Der erste Aktienindex in den USA

In Deutschland etablierte sich das Aktienwesen erst etwas später als in den Niederlanden. Zwar regte der deutsche Kaiser schon 1627 gegenüber dem Hansebund an, eine deutsche Kolonialgesellschaft zu gründen, um der niederländischen Konkurrenz zu begegnen, konnte sich jedoch mit seiner Idee nicht durchsetzen. Erst 1682 rief der Kurfürst von Brandenburg die *Handels-Compagnie auf den Küsten von Guinea* ins Leben. Sie gilt als erste deutsche Aktiengesellschaft und wird von Historikern oft auch als *Brandenburgisch-Afrikanische Kompanie* bezeichnet.

Die erste deutsche Aktiengesellschaft

Die damalige Mindesteinlage betrug 200 Taler. Zur Mitgliederversammlung wurde allerdings nur zugelassen, wer mindestens 1.000 Taler Einlage getätigt hatte. Zusammen brachten die Anteilseigner schließlich ein Grundkapital von 48.000 Talern auf. Damit konnte 1684 die erforderliche Handelsflotte gekauft und ausgerüstet werden.

Die Anteilseigner wurden zunächst als *Briefinhaber, Partizipanten, Obligationäre* oder *Teilhaber* bezeichnet. Schließlich bildete sich die Bezeichnung *Aktionist* heraus, aus der das heutige Wort *Aktionär* abgeleitet ist. Das Direktorium der Gesellschaft schlug dem Kurfürsten vor, jedem Investor ein Formular auszuhändigen, auf dem die Höhe seiner Einlage bescheinigt war. So entstand die Aktie.

Aktionär und Aktie

Bei den Einwohnern der Kolonialgebiete setzte man vor allem Stoffe, Zinnkannen, Gewehre, Eisenstäbe, Branntwein, Kleider und Glaserzeugnisse ab. Zurück in die Heimat verschiffte man Gewürze, Getreide, Elfenbein, Gold und Sklaven. Der Handel verlief zwar recht profitabel, zahlreiche Kaperungen und Schiffsuntergänge führten jedoch zu erheblichen Defiziten. Totalverluste wurden vielfach dadurch verursacht, dass die Mannschaften versuchten, zusätzliche

Ladungen „auf eigene Rechnung" zu transportieren. So stach man völlig überladen in See und war schwerem Wetter nicht gewachsen. 1717 übergab *Friedrich Wilhelm der Erste* die Gesellschaft daher an die *Holländisch-Westindische Kompanie*. Aus diesem Grund besaß das Aktienwesen in Deutschland bis zur Mitte des 18. Jahrhunderts keine wesentliche Bedeutung.

In Preußen erfolgte der Anstoß durch die von *Friedrich dem Großen* ins Leben gerufenen so genannten *Handlungskompagnien* zur Förderung des Überseehandels. Die Erste dieser Gesellschaften war die *Asiatische Handlungskompagnie*. Sie wurde 1751 in Emden gegründet und gab Aktien zu 500 Talern aus.

Deutsche Aktiengesellschaften im 19. Jahrhundert

Auch zu Beginn des 19. Jahrhunderts waren die Übersee-Handelsgesellschaften in Deutschland noch recht erfolglos. Aktiengesellschaften, die im Versicherungsgewerbe (Schifffahrts-, Feuer- und Lebensversicherungen) tätig waren, arbeiteten jedoch bereits vielerorts profitabel.

Der Code de Commerce regelt die Gründung von Aktiengesellschaften

Durch den 1807 eingeführten *Code de Commerce* wurde die Gründung von Aktiengesellschaften auf eine feste juristische Grundlage gestellt, da nun eine staatliche Konzession eingeholt werden musste. Die Aufhebung der Zünfte, die Gewerbefreiheit und die Schaffung eines gesamtdeutschen Wirtschaftsraumes ermöglichten es Aktiengesellschaften sich in Deutschland weiter auszubreiten.

Als eifrigste Gründer von Aktiengesellschaften erwiesen sich in der ersten Hälfte des 19. Jahrhunderts die Hansestädte Hamburg, Bremen und Lübeck. Breite Popularität verschaffte dem Aktienwesen jedoch der Erfolg, den Gesellschaften mit dem Bau und Betrieb von Eisenbahnlinien hatten. Die Aktien der 1835 eröffneten Strecke Nürnberg – Fürth beispielsweise erzielten binnen kurzer Zeit Kurse von 300 bis 400 Prozent. Ähnlich erfolgreich war die Strecke Leipzig – Dresden. So entstanden innerhalb eines Jahres rund 20 Eisenbahn-Aktiengesellschaften.

Hoch im Kurs: Eisenbahnaktien

Mit dem Rückgang der Handarbeit und der Landwirtschaft nahm die Bedeutung von Industrieanlagen immer mehr zu. Die Anschaffung von Dampfmaschinen und Fördereinrichtungen im Bergbau sowie das Umlaufkapital für Löhne, Rohstoffbeschaffung und Lagerhaltung konnten vom einzelnen Unternehmer nicht mehr aufgebracht werden. Und auch hier lag die Lösung des Problems wieder in der Gründung von Aktiengesellschaften. Sie waren am besten geeignet, das notwendige Kapital für derart große Investitionen aufzubringen, indem sie die Einlagen der zahlreichen Einzelanleger bündelten. Schließlich wurde die Finanzierung über Aktienemissionen in allen Bereichen der Industrie selbstverständlich.

Privatbanken und Sparkassen, die Banken der vorindustriellen Zeit, waren den Anforderungen an die Mobilisierung derart hoher Summen bald nicht mehr gewachsen. Daher entstanden Mitte des 19. Jahrhunderts die übergeordneten so genannten *Aktienbanken,* die kleine Beträge, die sonst nur als örtlich gebundene Kredite wirksam geworden wären, für große Projekte zusammenfassten. Nach einer 1870 erfolgten Liberalisierung des Aktienrechts wurden innerhalb von nur zweieinhalb Jahren 107 neue Aktienbanken gegründet. Darunter befanden sich die *Deutsche Bank,* die *Commerz-* und *Disconto-Bank* und die *Dresdner Bank.*

Aktienbanken entstehen

1873 wurden nach der Gründerkrise jedoch 73 der neu entstandenen Aktienbanken wieder liquidiert oder auf größere, kapitalkräftigere Häuser übertragen, um drohenden Insolvenzen (Zahlungsunfähigkeiten) zuvorzukommen.

Das Börsengesetz von 1896 bestimmte, dass Aktien neu gegründeter Gesellschaften erst ein Jahr nach ihrer Ausgabe zum Börsenhandel zugelassen wurden. Da die Gesellschaften ihr Investitionskapital aber sofort brauchten, mussten hohe Summen zwischenfinanziert werden. Dazu waren nur große Aktienbanken in der Lage. So wurden kleine Institute nach und nach aus der Industriefinanzierung herausgedrängt, was den Konzentrationsprozess beschleunigte.

Die Großbanken erhielten erheblichen Einfluss auf die industrielle Entwicklung, da sie für bei ihnen hinterlegte Aktien das Depotstimmrecht auf Hauptversammlungen ausübten. So entwickelte sich eine Machtkonzentration der Aktienbanken in der deutschen Industrie, die bis heute nachwirkt.

Die Stellung des Aktionärs

Vom Sparer zum Miteigentümer eines Unternehmens

Die Deutschen gehören traditionell zu den eifrigsten Sparern im internationalen Vergleich. Irgendwann kommt für viele der Zeitpunkt, wo es nicht mehr ausreicht alle Energie aufs Geldverdienen zu verwenden und nur hin und wieder etwas zur Seite zu legen. Man fängt an, sich Gedanken zu machen, ob das Ersparte auch optimal arbeitet. Für manchen ergibt sich die Notwendigkeit solcher Überlegungen plötzlich und unerwartet durch eine Erbschaft.

Aktien kontra konservative Anlageformen

Konservative Anlageformen wie Sparbücher, Sparverträge, Anleihen und Lebensversicherungen reichen dann allein nicht mehr aus. Wächst das persönliche Guthaben über den Betrag, den man als Notgroschen sicher und jederzeit verfügbar anlegen möchte, so sucht man nach neuen Alternativen. Dabei gewinnt die Aktie auch für private Anleger zunehmend an Attraktivität.

Wir sind gewohnt uns von unserem Einkommen diverse Dinge zu kaufen. Es fällt uns auch nicht schwer unser Geld für eine Weile der Bank zu leihen, damit sie uns dafür Zinsen gibt. Ein zunächst ungewohnter Gedanke ist es jedoch, sich einen Teil von einem Unternehmen zu kaufen, um so eine gute Rendite zu erzielen.

Der Aktionär als Miteigentümer eines Unternehmens

Wer sein Geld in Aktien anlegt, beteiligt sich nämlich an einem Unternehmen und damit an der Entwicklung der Wirtschaft. Den Anteil am Unternehmensvermögen pro Aktie ermittelt man, indem man das Vermögen durch die Anzahl ausgegebener Aktien teilt. Hat eine Gesellschaft 2 000 Aktien ausgegeben, so entfällt auf eine Aktie ein Zweitausendstel des Gesamtvermögens. Mit etwas Fantasie kann man sich vorstellen, dass einem nun beispielsweise der linke Flügel des Firmentores oder der Schreibtisch des Vorstandssprechers gehört. In Wirklichkeit ist der einzelnen Aktie jedoch kein spezieller Teil des Unternehmens zugeordnet.

Durch den Kauf von Aktien entwickelt man sich also vom Sparer zum Miteigentümer eines Unternehmens. Zugegeben, das ist sicher riskanter als sein Geld aufs Sparbuch zu tun. Denn Unternehmen sehen auch einmal schlechte Tage. Aber in guten Zeiten, in denen

Gewinne erwirtschaftet werden, haben Sie das Recht, davon Ihren Anteil zu bekommen, die so genannte *Dividende*.

Ungewohnt ist für viele auch, dass die *Rendite* der Aktienanlage sich nicht allein aus der Dividendenzahlung, sondern auch aus der Wertveränderung der Aktie selbst, nämlich durch steigende oder fallende Kurse, ergibt. Erst die Summe aus Dividende und Kursänderung zeigt, ob sich die Investition gelohnt hat. Hierin liegt einerseits das Risiko, andererseits die besondere Chance der Aktienanlage, die andere Anlageformen so nicht bieten können.

Dividende und Rendite

Wem gehören die deutschen Aktien?

Wie sparen die Deutschen? Informationen des *Bundesverbandes deutscher Banken* zufolge beläuft sich das Geldvermögen deutscher Haushalte bereits auf mehr als 2,7 Billionen Euro. Damit hat es sich seit 1960 mehr als verdreißigfacht. Jeder Bundesbürger hat damit im Schnitt Ersparnisse von etwa 32.000 Euro.

Den größten Teil davon machen Spareinlagen und Geldanlagen bei Versicherungen aus. Auf beide Anlageformen entfallen rund 22 Prozent des Geldvermögens. Hoher Beliebtheit erfreuen sich auch festverzinsliche Wertpapiere mit rund 380 Milliarden Euro, das entspricht etwa 14 Prozent des Geldvermögens. Termineinlagen machen rund sieben Prozent aus.

So legen die Deutschen ihr Geld an

Die Guthaben bei Investmentfonds summieren sich auf rund 250 Milliarden Euro; eine überproportionale Steigerung ist in diesem Bereich angesichts zunehmender Fondsangebote zur privaten Altersvorsorge zu erwarten. Die Direktanlage in Aktien hat mit etwa acht Prozent einen vergleichsweise geringen Anteil am privaten Geldvermögen der Deutschen. Der Rest verteilt sich auf Sichteinlagen (Guthaben auf Girokonten), Bargeld, Bausparguthaben und sonstige Anlageformen.

Die präzise Ermittlung der von privaten Anlegern in Aktien angelegten Gelder ist nicht einfach, da es neben denjenigen, die Aktien direkt im eigenen Wertpapierdepot halten, auch eine Vielzahl indirekter Aktionäre gibt. Diese sind durch die Anlage ihrer Gelder in Investmentfonds am Fondsguthaben und somit an den dort enthaltenen Aktienbeständen beteiligt.

Insgesamt zählt die Bundesrepublik mehr als vier Millionen Aktionäre. Etwa jeder fünfzehnte Bürger in den alten Bundesländern (in den neuen Bundesländern liegt der Anteil der Aktionäre noch etwas niedriger, wächst jedoch kontinuierlich), hat einen Teil seines Geldes in Aktien angelegt. Aktien sind längst nicht mehr ein Privileg weniger Wohlhabender. Den typischen Aktionär, der sich hinsichtlich Alter, Geschlecht, Herkunft, beruflicher und sozialer Stellung genau beschreiben ließe, gibt es heute weniger denn je. Aktionäre finden sich in allen Bevölkerungsschichten und in allen Altersgruppen. Die Teilprivatisierung staatlicher Unternehmen und die damit verbundene Ausgabe so genannter *Volksaktien* haben in den 60er-Jahren den Kreis der Aktionäre auch in den unteren Einkommensgruppen entscheidend erweitert. So bringen es einige große Gesellschaften heute auf mehr als 100.000 Aktionäre, das *Volkswagenwerk* und die *VEBA* sogar auf mehr als 500.000.

Belegschafts-aktien
Durch die Möglichkeit, *Belegschaftsaktien* zu besonders günstigen Konditionen an Mitarbeiter auszugeben, finden sich naturgemäß unter den Angestellten der Aktiengesellschaften anteilig mehr Aktionäre als im Bevölkerungsdurchschnitt.

Im Vergleich zu anderen Industrienationen ist der prozentuale Anteil der Aktionäre an der Gesamtbevölkerung noch gering. In den USA und in Japan beispielsweise besitzt ein weit höherer Prozentsatz der Bevölkerung Aktien. Durch die viel beachtete Telekom-Emission im Jahr 1996 hat allerdings auch in der Bundesrepublik das Interesse an dieser Anlageform deutlich zugenommen.

Unternehmen als Großaktionäre
Große Mengen von Aktien werden von Unternehmen gehalten, die sich auf diese Weise an anderen Unternehmen beteiligen. Nicht zuletzt, um durch ihren Besitzanteil und das damit verbundene Stimmrecht Einfluss auf die jeweilige Unternehmenspolitik nehmen zu können. Bei kleineren Aktiengesellschaften, die aus mittelständischen Familienbetrieben entstanden sind, befinden sich häufig große Teile des Aktienkapitals bei den Unternehmensgründern oder deren Nachkommen.

Außerdem darf man nicht vergessen, dass ein Großteil des deutschen Aktienkapitals sich in ausländischen Händen befindet. Internationale Investoren vertrauen nämlich seit Jahrzehnten der Solidität der deutschen Wirtschaft und sind über den Besitz von Aktien maßgeblich an ihr beteiligt.

Die Entwicklung der Vermögensbildung in Aktienwerten

Zu Beginn des 19. Jahrhunderts war die Popularität der Aktienanlage noch äußerst gering. Dienstboten, Tagelöhner und Handwerker bedienten sich lieber der Sparkassen. Nicht so sehr um der Verzinsung willen, sondern vor allem um für ihr Geld einen sicheren Aufbewahrungsort zu finden. Die Mittelschicht investierte ins Reedereigeschäft, ins Versicherungswesen, in den Straßen- und Eisenbahnbau und in verzinslichen Wertpapieren. Der Adel hingegen hielt sich aus Traditionsgründen überwiegend an Grund und Boden. Besondere Aufmerksamkeit erregte die Aktienanlage erstmals durch die Spekulationschancen, die Eisenbahnwerte boten. So wurde schon 1836 für die Aktien der Eisenbahn Nürnberg – Fürth eine Dividende von 20 Prozent ausgeschüttet. Dieses gute Ergebnis sorgte dafür, dass schon bald weitere Gesellschaften ein anlagebereites Publikum fanden und so ihren Kapitalbedarf durch die Ausgabe von Aktien decken konnten.

Spekulationschancen ...

Um 1844 wurden an der Berliner Börse bereits 29 Gesellschaften notiert. Die Aktienspekulation, die hohe Gewinne und Verluste mit sich brachte, verschaffte der Börse zwar eine hohe Popularität, der Aktienanlage aber ein unsolides Image und hemmte dadurch die weitere Ausbreitung dieser Anlageform bis weit ins 20. Jahrhundert hinein. Der Vertrauensverlust, der durch jede Wirtschaftskrise ausgelöst wurde, in der Aktionäre große Teile ihres Vermögens verloren, darf dabei nicht unterschätzt werden.

... und Verluste

Der weitaus größte Teil der Bevölkerung schaffte es damals gerade einmal, mit dem Einkommen die Grundbedürfnisse zu decken, und konnte allenfalls einen kleinen Notgroschen auf die hohe Kante legen. Ansätze zum Vermögensaufbau wurden durch den enormen Werteverzehr der zwei Weltkriege und die damit einhergehenden Wirtschaftskrisen immer wieder zunichte gemacht.

Erst Anfang der 50er-Jahre kam es zu einem deutlichen Anstieg der Vermögensbildung privater Haushalte. Mit steigendem Wohlstand sank die Ausgabenquote für den Grundbedarf. Doch statt sofort zu sparen oder zu investieren durchlief die Nation aufgrund des allgemein großen Nachholbedarfs erst einmal wellenartig verschiedene Konsumetappen. Heute spricht man von der Fress-, Wohn- und Reisewelle. Erst nach Befriedigung dieser Bedürfnisse war der Bürger bereit überschüssiges Kapital anzulegen.

Um Anreize zum Sparen zu geben förderte man ab Ende der 50er-Jahre verschiedene Arten der Vermögensbildung. Die Vielzahl der Spar- und Förderungsmöglichkeiten brachte jedoch einige Verwirrung, da der Kreis der Angesprochenen mit anderen Sparformen als dem Kontensparen noch nicht vertraut war.

Die Zahl der Kleinaktionäre wuchs erst dann entscheidend, als es Unternehmen möglich wurde, Mitarbeiter über die Ausgabe von *Belegschaftsaktien* zu beteiligen. Außerdem wurden durch die Teilprivatisierung staatlicher Unternehmen so genannte *Volksaktien* in kleiner Stückelung angeboten, wobei die Erwerbsmöglichkeit nach der Einkommenshöhe gestaffelt wurde.

Auf und Ab: die Aktienkurse seit den 1950er-Jahren

1964 besaßen bereits fünf Prozent der Bevölkerung Aktien. Das Wirtschaftswachstum der Wiederaufbauphase bescherte beträchtliche Gewinne. Von 1950 bis 1961 versechsfachte sich das Kursniveau. Von 1961 bis 1967 waren die Kurse rückläufig. Eine kräftige Erholung bescherte dann von 1967 bis 1969 wieder gute Gewinne. Es folgte wiederum ein Rückschlag, der bis 1974 anhielt. Danach setzte ein bis 1978 während der Aufschwung ein. Eine erneute Schwäche dauerte bis 1982. Im April 1983 überstiegen die Kurse ihr Rekordniveau von 1960. Die Aufwärtsbewegung hielt lange an und wurde im Oktober 1987 durch den so genannten *Schwarzen Montag* abrupt unterbrochen. Nach einer Erholungsphase folgte im Oktober 1989 ein erneuter Crash. Die 90er-Jahre standen wieder ganz im Zeichen eines gewaltigen Aufwärtstrends, der erst im Herbst 1998 kippte. Der Einbruch manifestierte sich nicht in rasanten Kursrückgängen, sondern in Form einer „wellenförmigen" Abwärtstendenz über mehrere Wochen hinweg. Die Rede war deshalb von einem „schleichenden Crash".

Auf dem Vormarsch: Investition in Aktienfonds

Schon Ende der 80er-Jahre beobachtete man einen Rückgang des Anteils privater Haushalte am Aktienbesitz, obwohl die Sparquote stieg. Im Vergleich zu anderen Industrienationen wie den USA und Japan ist die Aktienanlage privater Haushalte in Deutschland noch sehr gering. Dies ist zum einen darauf zurückzuführen, dass immer mehr Anleger als „indirekte Aktionäre", nämlich in Form von Fondsanteilen professionell gemanagter Aktienfonds, investieren. Eine Entwicklung, die von Banken und Sparkassen in den letzten Jahren durch intensive Werbung stark gefördert wurde. So erklärt sich die im gleichen Zeitraum stark gestiegene Zahl institutioneller Anleger am Aktienmarkt.

Ein weiterer Faktor, der das Anlageverhalten in der Bundesrepublik verändert, ist das sinkende Vertrauen in die Sicherheit der gesetzlichen Altersversorgung. Die Folge: Der Bürger sorgt anderweitig vor. So kletterte der Anteil der Lebensversicherungen an der gesamten Geldvermögensbildung innerhalb weniger Jahre auf über 30 Prozent.

Darüber hinaus führte die Steuergesetzgebung, insbesondere die Besteuerung der Einkünfte aus Kapitalanlagen, zu einem rapiden Absinken der privaten Anlagewilligkeit.

All diese Faktoren lassen einen Trend zum Rückgang der privat gemanagten Aktienanlage erkennen. Ein Trend, der sich jedoch bald umkehren könnte. Statistisch lässt sich nämlich bereits vorausberechnen, dass den Deutschen infolge eines halben Jahrhunderts ohne Kriege erhebliche Erbschaften ins Haus stehen. Manch einer wird sich dann nach neuen, bisher nicht genutzten Formen der Kapitalanlage umsehen und dabei die Aktie (neu) entdecken.

Nur Spekulanten und Zocker?

Aktien und Börse, das setzen viele Menschen automatisch mit Spekulation, ja oft sogar mit einer Form des Glücksspiels gleich. Gewiss geht ein Aktionär ein zunächst vergleichsweise höheres Risiko ein als beispielsweise ein Anleihenkäufer oder Sparbuchinhaber. Langfristig betrachtet haben Aktien jedoch in den letzten fünf Jahrzehnten einen Vermögenszuwachs erzielt, der allen anderen Anlageformen bei weitem überlegen ist. Wer bereits 1950 für 10.000 DM Aktien großer deutscher Gesellschaften gekauft hat, verfügt heute über ein Vermögen von mehr als 500.000 Euro. Aktien sind zwar kurzfristig risikoreicher als festverzinsliche Wertpapiere. Je länger aber der Anlagezeitraum ist, desto wahrscheinlicher wird es, dass die Aktienrendite die von Zinsanlagen übertrifft.

Besser als ihr Ruf: Anlagerisiko und Aktienrendite

Sicher kann man dann von Spekulation sprechen, wenn Aktien allein um des schnellen Kursgewinns willen nur für wenige Tage, Wochen oder Monate gekauft werden. Auch die Steuergesetzgebung definiert Kursgewinne, die innerhalb der gesetzlichen Spekulationsfrist erzielt wurden, als *steuerpflichtigen Gewinn*. Die so genannten *Trader,* die Bestände nur für kurze Zeit halten und blitzschnell von einer Anlage zur nächsten springen, sind jedoch in der Minderheit. Die meisten Aktionäre orientieren sich an einer langfristigen Investition. Mit Spekulantentum hat dies nichts zu tun.

Kein Erfolg ohne Engagement

Die Aktienanlage verlangt, soll sie Erfolg haben, gegenüber anderen Anlageformen ein erhöhtes Maß an Engagement. Hier reicht es nicht aus, etwas zu kaufen und dann bis zur Rückzahlung abzuwarten. Die Zusammensetzung des Depots sollte von Zeit zu Zeit überprüft werden, um sie neuen wirtschaftlichen Entwicklungen rechtzeitig anpassen zu können.

Aktien sind deshalb etwas für Menschen, denen es Freude macht sich mit Geldangelegenheiten zu befassen. Es kann sogar ein intensives Hobby daraus werden. Die Suche nach Erfolg versprechenden Papieren und die Analyse des Gesamtmarktes sehen viele als eine sportliche Herausforderung. Es sind keine Zocker gefragt, ein gewisser Spieltrieb kann aber auf keinen Fall schaden.

Dennoch sollte bei aller Begeisterung nicht der letzte Cent in Aktien gesteckt werden. Eine vernünftige Vermögensplanung setzt voraus, dass eine Streuung des persönlichen Guthabens gleichermaßen verzinsliche Anlagen, Versicherungen zur Altersvorsorge und gegebenenfalls auch Immobilien umfasst.

TIPP Aktien bieten sich vor allem für die Gelder an, die man langfristig „über" hat. Hier sollten nur Bestände angelegt werden, auf die man voraussichtlich innerhalb der nächsten vier Jahre nicht zurückgreifen muss. Manchmal braucht man nämlich einen derart langen Atem, um beispielsweise einen kompletten Konjunkturzyklus abwarten zu können. Ärgerlich ist es dann, im ungünstigsten Moment verkaufen zu müssen, weil die Ausbildung der Kinder, ein neues Auto oder eine Urlaubsreise bezahlt werden sollen.

Glückssache: das optimale Timing für Kauf und Verkauf

Die Wahl des besten Zeitpunktes, sei es zum Kauf oder zum Verkauf, stellt eine fast unlösbare Aufgabe dar. Natürlich möchte man zum günstigsten Kurs kaufen und am Gipfel verkaufen. Zu entscheiden, ob der richtige Moment gekommen ist oder ob man lieber noch ein, zwei Tage warten soll, fällt auch Profis mit jahrelanger Erfahrung immer wieder schwer.

TIPP Erfolgreiche Börsianer geben als Grund ihres Erfolges oft an, die meisten Entscheidungen „zu früh" getroffen zu haben. Sind Sie also von etwas überzeugt, so handeln Sie! Und grämen Sie sich nicht, wenn Sie später feststellen, dass Sie noch günstiger hätten kaufen oder noch teurer hätten verkaufen können. Den optimalen Zeitpunkt werden Sie ohnehin nur gelegentlich mit viel Glück erwischen.

Die Aktie – ein Wertpapier in vielen Erscheinungsformen

Wie sieht eine Aktie aus?

Da Aktien als Anteilszertifikate großer Unternehmen erhebliche Werte verbriefen, müssen sie genauso sorgfältig wie Banknoten hergestellt werden. Spezialdruckereien verwenden zum Schutz vor Fälschungen besonderes Papier. Bedruckt mit einem ausgeklügelten System aus haarfeinen Wellenlinien, die kunstvoll ineinander verschlungen sind, lassen sich Aktien kaum nachahmen. Vielfach werden zusätzlich Wasserzeichen und Prägungen angebracht.

Ursprünglich war auf jeder Aktie ein Nennbetrag aufgedruckt, der zeigte, welcher Anteil am Grundkapital durch dieses Papier verbrieft wurde. Heute sind überwiegend nennwertlose, so genannte *Stückaktien*, gebräuchlich. Sie verbriefen, abhängig von der ausgegebenen Gesamtaktienstückzahl einer Gesellschaft, einen bestimmten prozentualen Anteil der Gesamtgesellschaft, eine Quote also. Deshalb werden diese Stückaktien häufig auch als *Quotenaktien* bezeichnet.

Stück- oder Quotenaktien

Wie Banknoten tragen Aktien fortlaufende *Kontrollnummern*. Damit lassen sich anhand einer ständig aktualisierten so genannten *Oppositionsliste* Aktien identifizieren, die als verloren oder gestohlen gemeldet worden sind.

Alle Aktien tragen außerdem ein *Siegel* sowie die *Unterschriften* des Vorstandes, des Aufsichtsrates und eines Kontrollbeamten. Außer dem *Namen* der jeweiligen Gesellschaft ist oft eine *Abbildung* zu sehen. Besonders bei älteren Zertifikaten wurden äußerst sorgfältig gestaltete Bilder, etwa der Produktionsanlagen oder der Unternehmenstätigkeit, aufgedruckt. Dies lässt viele alte Aktien so dekorativ wie Stiche aussehen. Daher gibt es zahlreiche Sammler, die entwertete Altaktien allein schon wegen der Abbildungen sammeln. Spezialmotive, wie zum Beispiel Eisenbahnaktien mit Bildern alter Dampflokomotiven, erzielen hohe Liebhaberpreise und eignen sich gerahmt als dekorativer Wandschmuck.

Sammlerstücke: alte Aktien

Zum Aktienzertifikat, dem so genannten *Mantel*, gehört ein *Dividendenscheinbogen*. Jeder einzelne Dividendenschein trägt die gleiche Kontrollnummer wie der zugehörige Mantel. Die Dividenden-

Aktienmantel; die Abbildung zeigt eine alte Aktie im Nominalwert von 5 DM

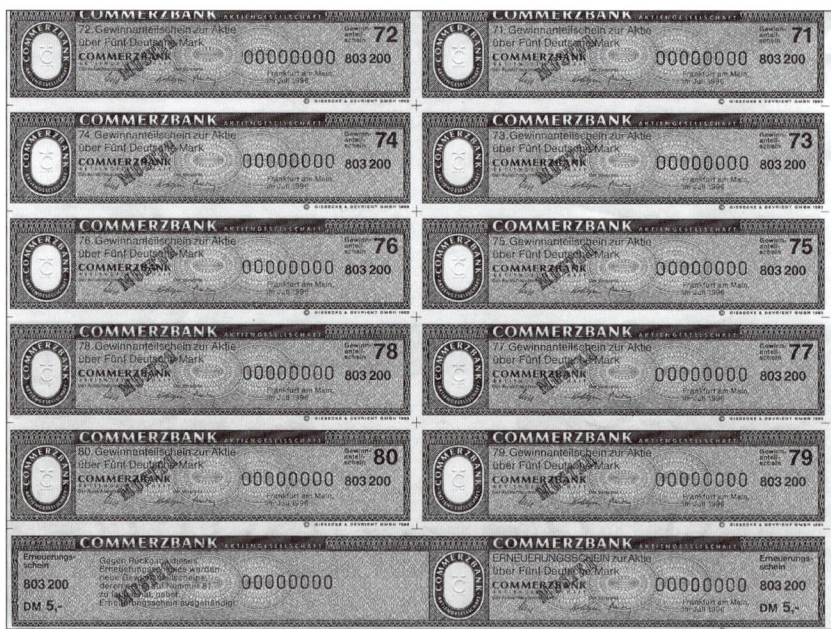

Unterer Teil eines Dividendenscheinbogens mit 60 Gewinnanteilscheinen (Kupons) und einem Erneuerungsschein (Talon)

Quelle: Commerzbank AG, Frankfurt a. M.

scheine, der Fachmann nennt sie *Kupons,* sind fortlaufend nummeriert. Bei Dividendenzahlungen oder Kapitalerhöhungen wird ein bestimmter Kupon bekanntgegeben, für dessen Einreichung oder Einlösung der Inhaber Dividende oder junge Aktien erhält. Der entsprechende Kupon muss dazu aus dem Bogen herausgeschnitten werden, wodurch dieser mit der Zeit immer kleiner wird. Der letzte Schein des Bogens ist daher ein *Erneuerungsschein, Talon* genannt. Für ihn erhält man einen neuen Bogen, wenn alle Kupons verbraucht sind.

Dividendenscheinbogen: Kupons plus Talon

Namensaktie und Inhaberaktie

Die ersten Aktienformulare waren so genannte *Namensaktien.* Sie lauteten auf den Namen des Inhabers. Er wurde in das Aktienbuch der jeweiligen Gesellschaft, häufig auch auf der Rückseite der Aktie namentlich eingetragen. Bei jedem Eigentumswechsel musste diese Beurkundung erneut erfolgen: ein Verfahren, das außerordentlich viel Zeit und Personal erforderte. In turbulenten Zeiten, in denen innerhalb kurzer Zeit besonders viele Papiere den Besitzer wechselten, kam man bald mit der Umschreibung kaum mehr nach.

So entschied man sich, die *Inhaberaktie* einzuführen, die ohne namentliche Umschreibung von einem Eigentümer zum nächsten übergeben werden kann. Sie ist heute am weitesten verbreitet.

Heute üblich: die Inhaberaktie

Wo werden Aktien aufbewahrt?

Ursprünglich wurde jede Aktie als so genanntes *effektives Stück* gedruckt, um so das entsprechende Aktienformular an den Besitzer aushändigen zu können. Ein Verfahren, das erhebliche Kosten und hohen Verwaltungsaufwand erforderte. Außerdem waren die Aktionäre häufig nicht in der Lage, die Wertpapiere in den eigenen vier Wänden sicher zu verwahren. Deshalb hinterlegten die meisten ihre Aktien in den Tresoren der Banken. Diese führten für ihre Kunden Wertpapierkonten, so genannte *Depots.*

Verwahrung im Depot

Da die überwiegende Mehrheit der Aktionäre ihre Papiere heute nicht mehr effektiv in Empfang nehmen möchte, ist man dazu übergegangen die Aktien nicht mehr Stück für Stück zu drucken, sondern als reinen Buchbestand zu führen. Banken lassen die

Aktienbestände ihrer Kunden zentral bei so genannten *Kassenvereinen* einbuchen. Bei An- und Verkäufen erfolgen dort entsprechende Umbuchungen. Der Kunde sieht seine Aktien nur noch als Gutschrift auf seinem Depotauszug. Dieses Verfahren wird als *Girosammelverwahrung* bezeichnet.

Girosammelverwahrung

Das hat neben der höheren Sicherheit der Verwahrung den Vorteil, dass die eingebuchten Papiere laufend überwacht werden, sodass Dividenden automatisch gutgeschrieben, Bezugsrechte automatisch abgetrennt werden, ohne dass der Besitzer Termine beachten oder selbst Kupons abtrennen muss.

Aber auch heute noch ist es auf besonderen Wunsch eines Kunden möglich, Aktien *effektiv,* das heißt in Form eines Aktienzertifikates zu erhalten, da von vielen Aktiengattungen ein kleiner Anteil als Urkunden lieferbar ist. Ihre Bank wird diesem Wunsch auf Verlangen gern nachkommen. Allerdings ist die effektive Auslieferung in der Regel mit hohen Bearbeitungsgebühren verbunden.

Der Anteil der Aktie am Grundkapital

Jeder Aktionär ist am Grundkapital der jeweiligen Gesellschaft beteiligt. Er ist also Miteigentümer. Ursprünglich lautete jede Aktie auf einen bestimmten *Nenn-* oder *Nominalwert*, der auf dem Aktienzertifikat aufgedruckt war. Dieser Nennwert gab den betragsmäßigen Anteil am Grundkapital der Gesellschaft an.

Der gebräuchliche Nennwert betrug 50 DM/Stück. Seit 1995 stellten viele Gesellschaften ihre Aktien auf Stücke im Nennwert von 5 DM um, indem sie die Anzahl ausgegebener Aktien verzehnfachten.

Umstellung auf nennwertlose Stückaktien

Bei der Umstellung des Grundkapitals und der Nominalwerte auf Euro hätten sich „krumme" Nennwerte pro Aktie ergeben. So entschlossen sich die meisten Gesellschaften 1998 zur Umstellung auf *nennwertlose Stückaktien*. Sie repräsentieren – statt eines betragsmäßigen Anteils am Grundkapital – eine Quote, mit der der Aktionär am Unternehmen beteiligt ist. Da sich die Anzahl ausgegebener Aktien dabei nicht ändert, ist der Wert jeder einzelnen Aktie gleich geblieben.

Beispiel:

Fritz Sparer kaufte sich 1997 eine Aktie der Muster AG im Nominalwert von 5 DM. Das Grundkapital der Muster AG betrug 10 Mio. DM. Es waren also insgesamt 2 Mio. Aktien im Nennwert von 5 DM im Umlauf. Auf der 1998er Hauptversammlung der Muster AG wurde beschlossen, den Aktienbestand auf nennwertlose Stückaktien umzustellen. Fritz Sparers Aktie lautet seitdem nicht mehr auf 5 DM, sondern auf eine Quote von einem halben Millionstel. Am Wert seines Besitzes hat sich also nichts geändert.

Neben Stückaktien sind auch Aktien im *Euro-Nennwert* möglich. Der Nominalwert pro Aktie muss dann auf mindestens 1 € oder ein Vielfaches davon lauten.

Gleich ob Nominalwert oder Stückaktie, der an der Börse gezahlte Aktienkurs ergibt sich aus Angebot und Nachfrage. Dabei erreicht der Aktienkurs beileibe nicht nur den auf die jeweilige Aktie entfallenden Anteil am Grundkapital der Gesellschaft.

Angebot und Nachfrage regeln den Kurs

Bei guten Ertragsaussichten kann der Kurs diesen rechnerischen Wert um ein Vielfaches übertreffen. Die meisten Aktiengesellschaften werden an der Börse viel höher als nur mit der Summe ihres Grundkapitals bewertet. Im Schnitt liegt der Kurs bereits zehnmal höher als der rechnerische Anteil am Grundkapital.

Bei schlechtem Geschäftsverlauf kann der Kurs auch unter den rechnerischen Anteil am Grundkapital sinken. Sie können dann beispielsweise eine Aktie, die einen Anteil von 50 € des Grundkapitals repräsentiert, für 38 € erwerben. Im schlimmsten Fall kann eine Aktie wertlos werden. Ein negativer Wert, eine Zuzahlungspflicht also, wenn es der Gesellschaft schlecht geht, ist ausgeschlossen.

So entsteht der Aktienkurs

Angebot und Nachfrage bestimmen den Markt

Grundsätzlich ist der Aktienmarkt ein Markt wie jeder andere. Angebot und Nachfrage treffen aufeinander und der Preis pendelt sich entsprechend ein. *André Kostolany* hat es einmal etwas sarkastisch so in Worte gefasst: „Die ganze Börse hängt nur davon ab, ob es mehr Aktien gibt als Idioten oder mehr Idioten als Aktien."

Zugegeben, eine sehr vereinfachte Darstellung des Geschehens.

Faktoren für die Kursbildung Deshalb soll hier ein wenig näher auf die Faktoren eingegangen werden, die die *Kursbildung* beeinflussen können.

Zunächst einmal muss man sich darüber klar sein, dass alle gehandelten Kurse ein Abbild der zukünftigen Erwartungen der Marktteilnehmer sind. Die Börse ist also der wirtschaftlichen Entwicklung immer ein Stück voraus. Eine Aktie wird nicht deshalb gekauft, weil es der Gesellschaft gut geht, sondern weil man erwartet, dass es ihr in Zukunft besser gehen könnte.

„Börsenklima" Entsprechend deutet der Markt alle wirtschaftlichen Nachrichten, Entwicklungen, Stimmungen und Gerüchte als Hinweise auf zukünftige Unternehmensentwicklungen. Dabei werden gesamtwirtschaftliche Gutachten, Frühindikatoren wie zum Beispiel der Auftragseingang bestimmter Branchen, die Arbeitsmarktlage, Unternehmensnachrichten, Gerüchte über technische Neuentwicklungen und bevorstehende Firmenübernahmen auf ihre Auswirkungen hin analysiert. Es entsteht ein Börsenklima, in dem die Investoren je nach den ihnen vorliegenden Daten optimistisch oder pessimistisch gestimmt sind. Daraus resultiert ihre Kauf- oder Verkaufsbereitschaft. Kurstendenzen sind also das Abbild subjektiver Stimmungen und daher objektiv oft schwer erklärbar.

Zinsentwicklung Einer der wesentlichsten Einflussfaktoren ist die *Zinsentwicklung*. Sinkende Zinsen gelten dabei als positiv für den Markt. Wenn nämlich die Zinsen fallen, ist es für die Unternehmen leichter, Kapital für Investitionen aufzunehmen. Die Wahrscheinlichkeit steigt, dass mehr geforscht, modernisiert, erweitert wird. Dies lässt für die Zukunft steigende Erträge erwarten und führt somit zu einer optimistischen Einschätzung.

Ein weiterer maßgeblicher Einfluss geht vom *Wechselkursniveau* aus. Insbesondere die Entwicklung des US-Dollars spielt eine große Rolle. Exportabhängige Unternehmen, die ihre Ausfuhren in Dollar fakturieren, profitieren von einem starken Dollar. Unternehmen, die von Rohstoffeinkäufen abhängig sind und diese auf Dollarbasis am Weltmarkt beschaffen müssen, werden einen niedrigen Dollarkurs benötigen, um profitabel arbeiten zu können. Da die deutsche Wirtschaft in ihrer Gesamtheit überwiegend exportorientiert ist, lässt sich bei steigendem Dollar im Allgemeinen eine positive Tendenz am Aktienmarkt beobachten.

Wechselkursniveau

Auch die *Wechselwirkung zwischen den Weltbörsen* spielt eine große Rolle bei der Einschätzung des Marktes. Oft zieht die Tendenz der *Wall Street* oder *Tokios* andere Märkte in Mitleidenschaft. So sprechen die Börsianer davon, dass eine Grippe in *New York* in *Frankfurt* einen Schnupfen auslösen kann.

Wechselwirkung zwischen den Weltbörsen

Arten der Kursnotiz

Die Notierung der Aktienkurse kann auf zwei verschiedene Arten erfolgen:
1. als Prozentnotierung,
2. als Stücknotierung.

Bei der früher gebräuchlichen *Prozentnotierung* wurde angegeben, zu wie viel Prozent ihres Nominalwertes eine Aktie momentan gehandelt wurde.

Prozentnotierung

 **Beispiel:**
Die Aktie der Muster AG hatte einen Nominalwert von 50 DM. Die Aktien wurden an der Börse zu 55 DM gehandelt. Die Kursnotiz lautete demnach auf 110 Prozent.

Bei der heute gebräuchlichen *Stücknotierung* wird der Preis pro Aktie in € angegeben. Das bedeutet, dass die Kursnotiz beispielsweise auf 27 € pro Stück lautet.

Stücknotierung

In der Bundesrepublik und an den wichtigsten ausländischen Börsenplätzen hat man sich für die Stücknotierung entschieden. Sie ist besser verständlich und lässt sich in der Praxis schneller erfassen und verarbeiten.

Kassakurse und variable Notierungen

Einheits- oder Kassakurse

Für die Aktien des amtlichen Handels wird in jeder Börsensitzung etwa zur Mitte der Handelszeit (zwischen 12.15 und 12.30 Uhr) vom amtlichen Kursmakler der *Kassakurs* ermittelt, auch als *Einheitskurs* bezeichnet. Der Makler prüft dazu die ihm vorliegenden Kauf- und Verkaufsaufträge und errechnet den Kurs, zu dem der höchstmögliche Umsatz erzielt wird.

Werden einmal keine Papiere eines Wertes gehandelt, weil nur Angebot oder nur Nachfrage herrscht, so wird das niedrigste Verkaufslimit mit dem Zusatz *Brief* oder das höchste Kauflimit mit dem Zusatz *Geld* notiert. Liegen dem Makler weder Kauf- noch Verkaufsorders vor, so taxiert (schätzt) er den Kurs und gibt ihn mit dem Zusatz *Taxe* an.

Variable Kurse

Neben den Einheits- bzw. Kassakursen werden für diejenigen Papiere, die zum variablen Handel zugelassen sind, so genannte *variable Kurse* ermittelt. Hierbei handelt es sich um fortlaufende Notierungen, die sich während der gesamten Börsenzeit für jedes zu Stande kommende Geschäft immer wieder neu bilden. Voraussetzung dafür ist, dass Mindeststückzahlen, so genannte *Schlüsse*, gehandelt werden. Die Mindestschlussgrößen für den Zugang zum variablen Handel unterscheiden sich von Börse zu Börse. Im variablen Handel sind die Aktien großer Gesellschaften mit breit gestreutem Aktienkapital, die regelmäßig hohe Umsätze erzielen, wie zum Beispiel die im DAX enthaltenen Werte. Aufträge, die nicht die erforderliche Mindeststückzahl erreichen, müssen zum Einheitskurs abgerechnet werden.

Sowohl der Kassakurs als auch die variablen Notierungen werden im amtlichen Kursblatt und im Kurszettel vieler Wirtschaftszeitungen veröffentlicht. Anhand des Verlaufs der variablen Kurse kann man verfolgen, wie sich die Tendenz im Laufe der Börsenzeit entwickelt hat. Dies macht man sich auch bei der Berechnung des DAX zu Nutze. Minütlich werden die aktuellsten variablen Kursnotierungen der 30 im DAX enthaltenen Aktien zur Berechnung eines gewichteten Durchschnitts herangezogen. So ist es möglich, die Tendenz an einer Grafiktafel im Börsensaal als fortlaufende Kurve anzuzeigen.

Aktienkurse und Konjunkturverlauf

Die Wirtschaft durchläuft in stets wiederkehrender Folge die Phasen
- Aufschwung,
- Hochkonjunktur *(Boom)*,
- Rückschlag *(Rezession)* und
- Tiefstand *(Depression)*.

Konjunkturzyklen

Grafisch dargestellt ergibt sich daraus eine fortlaufende Wellenbewegung. Der Zeitabschnitt vom Ausgangspunkt bis zum erneuten Auftreten derselben Konjunkturphase wird als *Konjunkturzyklus* bezeichnet. Die zeitliche Dauer eines kompletten Konjunkturzyklusses kann stark variieren. Im Durchschnitt dürfte sie bei etwa viereinhalb Jahren liegen. Einflüsse ausländischer Kapitalmärkte und besondere volkswirtschaftliche Konstellationen, wie zum Beispiel der Aufbau in den neuen Bundesländern, können zu erheblichen Verschiebungen führen.

Die an der Börse bezahlten Kurse sind ein Abbild der Zukunftserwartungen der Marktteilnehmer. Deswegen gelten Aktienindizes als so genannte *Frühindikatoren*. Untersuchungen haben ergeben, dass die Tendenz des Aktienmarktes der allgemeinen Konjunkturentwicklung um mindestens zwei, manchmal sogar um bis zu acht Monate voraus ist. Um also an der Börse Erfolg zu haben, reicht es nicht aus bei guten Nachrichten zu kaufen und bei schlechten Meldungen zu verkaufen. Die entsprechenden Erwartungen der Marktteilnehmer sind bis dahin längst in den aktuellen Kursen enthalten. Wer Gewinn erzielen möchte, muss schneller sein. Das fällt nicht leicht, denn es erfordert die Entschlossenheit, in der Depression an den Aufschwung zu glauben und zu kaufen. Ebenso muss in Boomphasen die nachfolgende Rezession vorausgeahnt und rechtzeitig verkauft werden. Der Mut zu diesem *antizyklischen* Kaufverhalten ist eine der Grundvoraussetzungen um Kursgewinne zu erzielen.

Gewinnchancen durch antizyklisches Kaufverhalten

Die Dividende

Die *Dividende* ist der Anteil des Unternehmensgewinns eines Geschäftsjahres, der an die Aktionäre ausgeschüttet wird. Über die Verwendung des Bilanzgewinns und somit auch über die Höhe der Dividende wird auf der Hauptversammlung abgestimmt.

Dabei besteht ein Interessenkonflikt zwischen dem Wunsch der Anleger nach möglichst hohen Erträgen und dem Bemühen des Vorstandes, ausreichende Mittel zur Reinvestition und zur Rücklagenbildung im Unternehmen zu behalten. Eine geringe Dividende führt für die Aktionäre momentan zu niedrigen Kapitalerträgen. Andererseits sorgen im Unternehmen reinvestierte Gelder dafür, dass für die Zukunft höhere Gewinne erwartet werden können. Dies vermag sich positiv auf den Kurs auszuwirken. Steigende Dividenden wiederum können die Aktie für neue Anlegerkreise interessant machen. Auch dies lässt den Kurs unter Umständen steigen.

Steht und fällt mit dem Bilanzgewinn: die Dividendenhöhe

Da die Dividende vom erzielten Bilanzgewinn abhängig ist, schwankt ihre Höhe manchmal von Jahr zu Jahr stark. Im schlimmsten Fall kann die Ausschüttung ausfallen. Eine negative Dividende, also eine Einzahlungspflicht der Aktionäre nach verlustreichen Geschäftsjahren, gibt es jedoch nicht. Steigende Dividenden sind stets ein Zeichen für eine erfolgreiche Geschäftspolitik. Um so mehr, als die Dividende nur einen Teil der (in der Bilanz oft „versteckten") Gewinne ausmacht. In vielen Kurszetteln wird zusätzlich zu den aktuellen Kursnotierungen die letzte gezahlte oder die voraussichtliche Dividende angegeben. Dies kann aber nur ein grober Anhaltspunkt sein, da sich der Erfolg des laufenden Geschäftsjahres noch nicht präzise voraussagen lässt.

Geschäftspolitik via Dividendenausschüttung

Auch geschäftspolitische Aspekte vermögen Einfluss auf die Höhe der Dividende zu nehmen. Eine sehr hohe Ausschüttung könnte von der Belegschaft als Argument geltend gemacht werden, um in den Genuss einer Gewinnbeteiligung oder Bonuszahlung zu gelangen. Auch Kunden des Unternehmens könnten, aufmerksam geworden, die Gewinnspannen für überhöht halten und ihrerseits über Rabatte verhandeln wollen.

Je nach Struktur der Hauptaktionäre kann die Dividendenpolitik von Gesellschaft zu Gesellschaft stark schwanken. Ein Großaktionär, der andere Projekte vorantreiben und finanzieren möchte, wird auf eine hohe Dividende drängen. Einer, der die übrigen Anleger verdrängen möchte, um seinen Besitzanteil zu vergrößern, versucht, durch niedrige Dividenden die Kleinanleger „auszuhungern".

Es kommt auch vor, dass – unabhängig von geringfügigen Ertragsschwankungen – die Dividende kontinuierlich auf einer bestimmten Höhe gehalten wird. Bei dieser Ausschüttungspolitik spricht man von einer *Standarddividende*. Die Angabe der Dividendenzahlung erfolgt meist in € pro Stück.

Die Börse –
der Marktplatz für Aktien

Die Marktteilnehmer

Für den Laien ist die Börse ein zunächst verwirrender Markt. Denn weder Käufer und Verkäufer noch die gehandelte Ware sind anwesend. Und doch führt die Börse wie jeder andere Markt Angebot und Nachfrage, Käufer und Verkäufer zusammen. Der einzelne Anleger kann dort aber nicht persönlich erscheinen, um die gewünschten Käufe oder Verkäufe selbst zu tätigen. Nur die zum Börsenhandel zugelassenen Vertreter der Banken dürfen am Handel direkt teilnehmen und die Aufträge ihrer Kunden ausführen.

Um das Geschehen an der Börse und die Einflüsse verschiedener Käufergruppen besser verstehen zu können, ist ein Blick auf die verschiedenen Marktteilnehmer hilfreich:

Der *Berufshandel,* auch als *Kulisse* bezeichnet, besteht aus Freimaklern und Händlern der Kreditinstitute. Diese nehmen auf eigene Rechnung direkt am Handel teil. Das bedeutet, sie kaufen und verkaufen – auch über das Volumen der Kundenaufträge hinaus – für den Eigenbestand (bzw. den der Banken). Die Berufshändler haben, gerade in umsatzschwachen Zeiten, einen erheblichen Einfluss auf die Stimmung am Markt, da sie verhältnismäßig große Mengen umsetzen und oft ihre Positionen nur für sehr kurze Zeit halten. Ihre Ansichten und Prognosen gelangen häufig in die Börsenberichterstattung, sodass andere Anleger mitgezogen werden, was wiederum die Tendenz maßgeblich prägt. *Berufshandel*

Die Wertpapierbestände der *Banken* bilden nicht nur mengenmäßig ein großes Einflusspotenzial, sie werden auch – im Vergleich zu anderen Anlegern – relativ stark umgesetzt. Da die Transaktionskosten, die Banken ihren Kunden für jedes Geschäft in Rechnung stellen, im Eigenhandel entfallen, lassen sich schon kleinste Kursänderungen profitabel nutzen. Viele Mitläufer versuchen, mit den Banken zu kaufen oder zu verkaufen. Der Informationsstand der Banken ist nämlich durch die Sitze in zahlreichen Aufsichtsräten und Gremien, durch Kreditvergaben und durch die Kontakte zu wichtigen Großanlegern meist überdurchschnittlich fundiert. *Banken*

Investmentfonds Die *Investmentfonds,* die das Fondsvermögen für ihre Anteilseigner in Wertpapieren anlegen, bilden eine besonders kaufkräftige und damit sehr einflussreiche Gruppe. Sie stehen in enger Verbindung zu den Banken, denn viele der großen Fonds gehören Banken oder werden von ihnen vertrieben. Häufig finden Analyse und Entscheidungsfindung koordiniert statt, sodass die Wertpapiertransaktionen aufeinander abgestimmt sind. Die Größenordnung der akkumulierten Bestände macht es Fonds heute kaum mehr möglich, bei einer Umorientierung der Anlagepolitik schnell und mit der Gesamtheit der betroffenen Bestände umzudisponieren. Es ergäben sich derart hohe Kauf- oder Verkaufsvolumina, dass die Kurse rapide beeinflusst würden. Einschneidende Veränderungen der Anlagepolitik lassen sich daher nur stufenweise umsetzen. So treten die Fondsmanager als Käufer in erster Linie mit Neuzuflüssen und Barreserven am Markt in Erscheinung. Daher ist die Beobachtung der Mittelzuflüsse und Barreserven ein guter Anhaltspunkt, um die zukünftige Börsentendenz einzuschätzen.

Private Anleger Die *privaten Anleger,* an der Börse durch die Mitarbeiter der Banken vertreten, sind in der Regel an einer langfristigen Anlage ihres Kapitals interessiert. Hohe Transaktionskosten und der im Vergleich zu institutionellen Investoren geringere Informationsstand lassen kurzfristige spekulative Engagements wenig aussichtsreich erscheinen. Antizyklische Entscheidungen fallen privaten Anlegern verhältnismäßig schwer. Viele Kleinanleger neigen eher dazu, mit dem Trend zu kaufen und zu verkaufen. Daher gilt es unter Berufshändlern vielfach als Zeichen zur Vorsicht, wenn private Anleger massiv kaufen. Man deutet es als Signal dafür, dass der Markt bald „umkippen" könnte.

Der Handel

Aktien über die Börse zu emittieren bringt den Unternehmen das erforderliche Eigenkapital. Möchte nun ein Aktionär seine Aktien weiterveräußern, so braucht er sich nicht selbst um die Suche nach einem Käufer zu bemühen. Der Börsenhandel sorgt dafür, dass einer gefunden wird. Die Aktiengesellschaft muss ihre eigenen Aktien also nicht zurückkaufen. Das Eigenkapital kann auf diese Weise im Unternehmen bleiben. Die Unternehmenssubstanz wird folglich nicht gefährdet.

Ausgangspunkt jedes Handelsabschlusses ist der Auftraggeber, der eine Aktie kaufen oder verkaufen möchte. Er wendet sich an seine Bank und gibt dort einen entsprechenden Auftrag, die *Order.*

Auftrag für Kauf oder Verkauf: die Order

TIPP Je nach Kreditinstitut, Ort und Art der Vernetzung mit EDV-gestützten Handelssystemen dauert es unterschiedlich lange, die Auftragsdaten des Kunden an die Börsenhändler zur Ausführung zu übermitteln. Daher sollte jeder Anleger sich bei seiner Bank erkundigen, bis zu welcher Uhrzeit seine Orders angenommen werden, um noch am selben Tag ausgeführt werden zu können.

Die Händler der Banken wenden sich mit ihren Auftragsdaten an die Börsenmakler, die die Aufgabe wahrnehmen, die Geschäfte zwischen den kaufenden und verkaufenden Parteien zu vermitteln. Sie stellen den Kurs fest und sorgen für den größtmöglichen Umsatz zur Befriedigung von Angebot und Nachfrage. Um Überschüsse auszugleichen, darf der Makler auch Wertpapiere auf eigene Rechnung kaufen und verkaufen.

Die *Abwicklung,* also Bezahlung und Lieferung der Aktien, erfolgt an deutschen Börsen üblicherweise zwei Börsentage nach dem Handelsabschluss. Durch seine Bank erhält der Anleger die Ausführungsbestätigung des abgewickelten Geschäfts. Die gehandelten Aktien werden beim *Kassenverein,* wo sie verwahrt werden, buchmäßig auf den neuen Eigentümer übertragen. Das Konto des Käufers wird mit dem ausmachenden Betrag belastet, der Verkäufer erhält die entsprechende Gutschrift.

Abwicklung von Kauf und Verkauf

Die Rolle des Umsatzes und die Rückschlüsse, die man daraus auf die Marktverfassung und die zukünftige Entwicklung ziehen kann, sind unter Fachleuten umstritten. Argumentieren beispielsweise Optimisten, dass bei stark steigenden Kursen hohe Umsätze auf viele Käufer schließen lassen, so wird leicht vergessen, dass dem ebenso viele Verkäufer entgegenstehen. Die Erfahrung hat immerhin gezeigt, dass Spitzenkurse oft mit extrem hohen Umsätzen einhergehen. Die hochschnellende Umsatzkurve kann hier als Warnsignal für einen drohenden Abschwung gedeutet werden.

Zwischen den Kreditinstituten werden auch vor und nach der Börsenzeit Aktien gehandelt. Die für die amtliche Kursfeststellung und die Ausführung von Kundenorders entscheidenden Umsätze werden aber nur während der Börsenstunden abgewickelt. Besonders im *vorbörslichen* Interbankenhandel lassen sich oft schon erste

Stimmungstendenzen des jeweiligen Tages erkennen. Der *nachbörsliche* Handel wird häufig von überseeischen Einflüssen geprägt, da der durch die Zeitverschiebung später einsetzende Handelsbeginn an der *Wall Street* neue Impulse gibt.

An der Börse unterstützen zunehmend neue elektronische Systeme den Handel. Die Erfahrungen der *Deutschen Terminbörse* haben seit 1990 gezeigt, dass der Börsenhandel durch die Nutzung vernetzter Datensysteme kostengünstiger und schneller abgewickelt werden kann. Auch im Kassahandel gewinnen daher elektronische Handelssysteme mehr und mehr an Gewicht.

Elektronische Handelssysteme

Das *Börsen-Order-Service-System BOSS* beispielsweise ermöglicht Kreditinstituten die direkte Eingabe von Aufträgen ins elektronische Orderbuch des Maklers. Die Präsenz auf dem Börsenparkett ist nicht mehr unbedingt erforderlich. *BOSS* ist über entsprechende Schnittstellen auch mit den Kursinformations- und Abwicklungssystemen der Börse verbunden. Dies macht eine schnelle und kostengünstige Abwicklung aller Transaktionen möglich.

Xetra

Seit Ende 1997 ist an der Deutschen Börse das elektronische Handelssystem *Xetra* in Betrieb. *Xetra* ist die Abkürzung für *Exchange Electronic Trading*. Um Xetra nutzen zu können, ist eine Zulassung an der Frankfurter Wertpapierbörse (FWB) erforderlich. Diese kann von Kreditinstituten, Wertpapierhandelshäusern und Börsenmaklern beantragt werden. Xetra hat das *Integrierte Börsenhandels- und Informationssystem (IBIS)* abgelöst. Als vollcomputerisiertes System mit einer grafisch unterstützten Handelsoberfläche ergänzt es die Präsenzbörse, da hier ganztägig eine ständige Handelsplattform zur Verfügung steht.

Hört man in der Berichterstattung vom *Xetra-DAX* (häufig als X-DAX abgekürzt), so handelt es sich um den Stand des Deutschen Aktienindexes, der auf der Basis der im Xetra-Handel abgewickelten Geschäfte ermittelt wurde.

Xetra bietet dem Handel wesentliche Vorteile:

■ **Transparenz des Handelsgeschehens**

Das zentrale elektronische Orderbuch können alle Handelsteilnehmer einsehen. Dadurch sind Preisbildung und Orderlage jederzeit zu verfolgen. Die Anleger können so vor der Orderaufgabe wesentlich besser über die Marktlage informiert werden. Händler können ihre Aufträge mit den dazugehörigen Limits eintragen. Das System führt ausführbare Orders bei Erreichung der Vorgaben automatisch zusammen.

- **Geschwindigkeit**
  Xetra ermöglicht es dem Anleger sofort mitzuteilen, ob und zu welchem Kurs seine Order ausgeführt wurde.

- **Ständige Liquidität des Marktes**
  Xetra konzentriert die gesamte Liquidität des Kassamarktes in einem zentralen Orderbuch pro Wertpapier. In weniger liquiden Werten, Papieren also, die geringe Umsätze aufweisen, sorgen so genannte *Intermediäre* für Zusatzliquidität, sodass auch hier aktuelle Geld- und Briefkurse (Kauf- bzw. Verkaufsangebote) gestellt werden können.

- **Kostenreduktion**
  Da Xetra als vollcomputerisiertes System den Handel und die zugehörige Abwicklung integriert durchführt, ergeben sich wesentliche Kosteneinsparungen. Ein Vorteil der nicht nur die Deutsche Börse im internationalen Vergleich der Finanzmärkte stärkt. Auch die einzelnen Banken können diese Kostenentlastung zum Teil an den Anleger in Form verminderter Transaktionskosten weitergeben.

- **Standortunabhängigkeit**
  Xetra-Teilnehmer sind nahezu in Echtzeit mit der Handelsplattform verbunden. Ob der Zugang aus dem In- oder Ausland, aus der Großstadt oder vom abgelegenen Dorf erfolgt, jeder Teilnehmer hat gleichberechtigten Zugriff.

- **Flexibilität**
  Durch zukunftsorientierte Technologie ist Xetra auch zukünftigen Anforderungen gewachsen. Sowohl hinsichtlich steigender Handelsvolumina als auch in Bezug auf neue Handelssegmente und Sonderfunktionen wie z.B. Auktionshandel, Vermittlungs- und Suchmärkte.

Abwicklung per Computer: die Vorteile von Xetra

TIPP Kostenvorteile, die sich durch Xetra in der Handelsabwicklung der Kreditinstitute ergeben, können Ihnen als Argument dienen, wenn Sie mit Ihrer Bank über die Höhe der Transaktionskosten Ihrer Wertpapiergeschäfte verhandeln.

Börsenplätze in Deutschland

Im Jahre 1836 wurde in Frankfurt die erste deutsche Aktie gehandelt. In den folgenden Jahrzehnten war es für die Aktiengesellschaften von entscheidender Bedeutung, (potenzielle) Kapitalgeber in der Nähe ihres Hauptstandortes ansprechen zu können. Denn kaum ein Norddeutscher war dazu zu bewegen, eine bayerische Brauereiaktie zu erwerben. Und wie sollte ein Stuttgarter in der Lage sein, den Geschäftsverlauf einer norddeutschen Reederei im Auge zu behalten? Denn die Nachrichtenverbindungen waren natürlich noch nicht derart ausgebaut, wie wir es heute gewohnt sind. So investierte der Anleger lieber in diejenigen Werte, die er aus der heimatlichen Region kannte. Es bildeten sich dementsprechend *Regionalbörsen.*

Wertpapierbörsen in Deutschland

Heute gibt es acht Wertpapierbörsen in Deutschland, und zwar in Hamburg, Bremen, Hannover, Berlin, Düsseldorf, Frankfurt am Main, Stuttgart und München. Am Umsatz gemessen, nimmt Frankfurt am Main dabei mit weitem Abstand die Spitzenstellung ein. Es folgt Düsseldorf.

Alle deutschen Börsen können auf eine langjährige Tradition zurückblicken und haben unbestritten einen wesentlichen Anteil am Wirtschaftsleben ihrer Region. Seit Anfang der 90er-Jahre ist jedoch mehr und mehr die Forderung nach einer Zentralisierung des Börsenwesens laut geworden. Ziel ist es, im Sinne der Wettbewerbsfähigkeit mit anderen internationalen Finanzzentren, einen breiten, nach außen als Einheit auftretenden deutschen Finanzplatz zu formen. Die internationale Bedeutung des deutschen Kapitalmarktes soll auf diese Weise gestärkt werden, um gegen Luxemburg, London oder Zürich im internationalen Wettbewerb bestehen zu können.

Die Deutsche Börse AG

Als Zentrum des Finanzplatzes Deutschland hat man Frankfurt am Main auserkoren. Und in der Tat zieht sich das Handelsgeschehen mehr und mehr hier zusammen. Die Gründung der *Deutsche Börse AG,* in der die *Frankfurter Wertpapierbörse,* die *Deutsche Terminbörse,* der *Kassenverein* und die *Wertpapierdatenzentrale* fusionierten, hat diese Entwicklung noch forciert. Kleinere Regionalbörsen fürchten seit Beginn des Zentralisierungsprozesses um ihren Fortbestand. Besonders bedroht sind umsatzschwächere Standorte wie Bremen und Hannover.

Um diese Entwicklung verstehen zu können, ist es notwendig, sich vor Augen zu führen, wie nachhaltig die modernen Formen der kommunikativen Vernetzung den Börsenhandel verändert haben.

Im Jahr 1957 mietete die amerikanische Firma *Standard & Poor's* erstmalig in der Geschichte Rechenzeiten auf einem Computer, um einen Aktienindex zu berechnen. Zum ersten Mal war es auf diese

Weise möglich, einen Index aus 500 verschiedenen Kursen zu berechnen. Die EDV hielt Einzug in die Börsenlandschaft. In den 60er-Jahren war es noch selbstverständlich, dass der Börsenhandel ausschließlich an der Börse selbst stattfand. Computer verwandte man allenfalls für unterstützende Berechnungen. Erst in den 70er-Jahren erlebte die EDV im Bankwesen ihren großen Durchbruch. Die fortschreitenden Möglichkeiten der kommunikativen Vernetzung führten im Laufe der 80er-Jahre dazu, dass im Devisen- wie auch im Wertpapierhandel weltumspannende Bildschirmhandelssysteme installiert wurden, die Informationsübermittlung und Handelsabläufe in Sekundenschnelle ermöglichten. Die Welt wuchs zusammen und man gewöhnte sich daran, alle gehandelten Kurse sofort „online" zur Verfügung zu haben, Kauf- oder Verkaufsentscheidungen durch einen Tastendruck unmittelbar in die Tat umsetzen zu können.

Börsengeschäfte online

Die klassischen Wertpapierbörsen jedoch behielten den gewohnten Handelsablauf zur üblichen Börsenzeit Mittag für Mittag bei.

In diesem weltweit kommunikativ vernetzten Finanzwesen steht der traditionelle Börsensaal inmitten eines völlig veränderten Umfelds. Ähnlich einem Dinosaurier, der sich von lauter Hochhäusern umgeben sieht. Wer kann heute noch darauf warten, bis die heimatliche Börsenzeit wieder beginnt, wenn es gilt, auf Marktbewegungen an der Wall Street oder in Tokio zu reagieren?

So werden immer größere Teile des eigentlichen Geschäfts über neue Handelsplattformen abgewickelt. Schneller, direkter und kostengünstiger. Spötter mahnen bereits, dass die so genannte *Parkett-* bzw. *Präsenzbörse* (so nennt man sie, weil die Händler tatsächlich vor Ort sind) in einigen Jahren nur noch die Aufgabe haben könnte, Besuchern ein wenig Börsenatmosphäre zu bieten. Das mag übertrieben sein. In der Tat zeigt aber die *Deutsche Terminbörse* bereits seit 1990, dass für einen geregelten Handelsablauf ein Börsensaal entbehrlich sein kann. *Optionen* und *Futures* werden dort nämlich ausschließlich über ein großes Rechnersystem gehandelt, an das die einzelnen Handelsteilnehmer online per Standleitung angeschlossen sind. Derartige Handelsplattformen gewinnen auch im Kassahandel an Bedeutung, um die Transaktionskosten in vertretbaren Grenzen zu halten.

Die Deutsche Terminbörse

Bei allem Fortschritt sollte aber nicht vergessen werden, dass die klassischen Regionalbörsen durchaus nach wie vor eine wichtige Funktion für den jeweiligen Wirtschaftsstandort haben. Sie ermöglichen es den mittelständischen Unternehmen, die noch keine bundesweite oder internationale Bedeutung haben, die Rechtsform der Aktiengesellschaft anzunehmen und sich des heimatlichen Marktes für den Handel ihrer Papiere zu bedienen.

Für den Kleinanleger ist es bei Standardwerten heute weitgehend ohne Bedeutung, an welcher Börse sein Auftrag abgewickelt wird. Entstehen zwischen den einzelnen Plätzen Kursdifferenzen, so sorgt die *Arbitrage,* der Handel zwischen den einzelnen Börsenplätzen, innerhalb weniger Sekunden für eine Angleichung der Kurse, sodass größere Unterschiede gar nicht erst entstehen können.

Information gratis

TIPP Die deutschen Wertpapierbörsen lassen Besucher gerne einen Blick auf das Handelsgeschehen werfen. Viele Börsen bieten Führungen an und zeigen Informationsfilme. Ein Besuch lohnt sich für jeden am Wirtschaftsgeschehen Interessierten.

Die Deutsche Börse AG in Frankfurt/Main hält ein großes Angebot interessanter Informationsbroschüren bereit. Diese können beim Publikationsservice unter der Telefonnummer 0 69/21 01-15 10 angefordert werden. Außerdem werden zahlreiche Schulungen angeboten, die – je nach Wissensstand – aufeinander aufbauen. Wer seine Kenntnisse daheim am PC vervollkommnen möchte, kann unter verschiedenen interaktiven Lernprogrammen auf CD-ROM wählen. Informationen gibt das Schulungsteam der Deutschen Börse AG unter der Telefonnummer 0 69/21 01-37 67.

Auch das Deutsche Aktieninstitut, ein nichtkommerzieller eingetragener Verein, der das Interesse an der Aktienanlage fördern möchte, bietet verschiedene Broschüren an, die besonders auf den Informationsbedarf von Neueinsteigern zugeschnitten sind. Diese können unter der Telefonnummer 0 69/9 29 15-0 angefordert werden.

Die Ebenen der Handelsplattform

Der Börsenhandel gliedert sich in vier Hauptebenen:

- den amtlichen Handel,
- den geregelten Markt,
- den Freiverkehr und
- den Neuen Markt

Der amtliche Handel

Er bildet die höchste Stufe, ist gewissermaßen der Kern des deutschen Börsenhandels. Aktiengesellschaften, deren Papiere hier gehandelt werden, sind vorher einer eingehenden Prüfung unterzogen worden. Ein sehr gründliches Zulassungsverfahren stellt sicher, dass nur erstklassige Werte in den amtlichen Handel gelangen. Die amtliche Kursfeststellung der hier gehandelten Papiere erfolgt durch Makler, die von der jeweiligen Landesregierung dazu bestellt und vereidigt worden sind. Jedem amtlichen Kursmakler sind bestimmte Aktien des amtlichen Handels zugeordnet.

Plattform für große Aktiengesellschaften

Der geregelte Markt

Er bildet sozusagen die Zweite Liga. Auch er ist juristisch betrachtet offizieller Teil des Börsengeschehens. Da die strengen Zulassungsbestimmungen des amtlichen Handels nur von relativ großen Unternehmen erfüllt werden können, wählen mittelständische Unternehmen oft zunächst den geregelten Markt. Im geregelten Markt werden nur Aktien gehandelt, die nicht auch amtlich notiert werden, um doppelte Kursfeststellungen zu vermeiden. Auch am geregelten Markt bedarf es eines Zulassungsverfahrens, dessen Anforderungen aber – gerade für jüngere Unternehmen und Gesellschaften, deren Aktien sich zu großen Teilen in Festbesitz befinden – leichter zu erfüllen sind.

Die Kursfeststellung erfolgt hier durch einen oder mehrere Makler, die vom Börsenvorstand berufen werden. Das Verfahren ähnelt dem des amtlichen Marktes. Es handelt sich jedoch nicht um amtliche Notierungen.

Plattform für mittelständische Unternehmen

Der Freiverkehr

Plattform für Auslandsaktien

Unter dem geregelten Markt ist der Freiverkehr angesiedelt. Hier werden vorwiegend Auslandsaktien gehandelt. Der Zugang zu diesem Marktsegment ist für die Gesellschaften vergleichsweise unkompliziert und kostengünstig. Trotzdem herrschen keine „Wildwest-Manieren". Die Usancen hinsichtlich des Handels und der Kursfeststellung sind denen des amtlichen Handels und des geregelten Marktes angepasst.

Für Sie als Anleger ist es weitgehend ohne Bedeutung, auf welcher Ebene der Handelsplattform Ihre Aktien gehandelt werden. Es ist jedoch beruhigend zu wissen, dass ein Papier im amtlichen Handel notiert wird, denn dort geht es vergleichsweise am geordnetsten zu. Die entsprechende Gesellschaft ist auf Herz und Nieren geprüft worden. Im Freiverkehr ist darauf zu achten, dass die Umsätze in einzelnen Werten oft äußerst gering sind. Das kann bei großen Kauf- und Verkaufsorders dazu führen, dass Ihr eigener Auftrag den Kurs maßgeblich auf- oder abwärts treibt.

Der Neue Markt

Plattform für Technologie- und Wachstums- unternehmen

Der Neue Markt ist ein besonderes Handelssegment für Technologie- und Wachstumsunternehmen. Auf dieser speziellen Plattform werden Aktien aus Bereichen gehandelt, die durch ihr überdurchschnittliches Wachstum einen hohen Kapitalbedarf haben. Dazu zählen insbesondere Titel der Sparten Telekommunikation, neue Medien (wie z.B. Internet), Gentechnologie und Software.
Die Konzentration auf zukunftsträchtige Entwicklungen und Dienstleistungen birgt naturgemäß überdurchschnittliche Chancen, aber auch entsprechende Risiken. Die *Volatilität,* die Kursschwankungsintensität also, ist am Neuen Markt deutlich höher als auf den anderen Handelsplattformen.
Besonders genaue Zulassungsvoraussetzungen und Publizitätsvorschriften stellen Seriosität und Transparenz dieses Marktes sicher. Außerdem sorgt ein so genannter Betreuer für jeden der dort vertretenen Werte, indem er regelmäßige Analysen des Geschäftsverlaufes erstellt und für kontinuierliche Liquidität der jeweiligen Aktie sorgt, das heißt permanent realistische Angebots- bzw. Nachfragekurse sicherstellt, sodass Aktionäre jederzeit kaufen bzw. verkaufen können.

TIPP Schon kleine Volumina können am Neuen Markt erhebliche Kurssprünge auslösen. Daher sollten Orders stets limitiert (siehe dazu: „Orderstrategien" S. 68 f.) gegeben werden.

Bullen und Bären – der „Börsenslang"

Börsianer haben mit den Jahren ihr eigenes Vokabular entwickelt. Damit Sie die Börsenberichterstattung etwas besser verstehen, hier einige Grundbegriffe:

Mit *Parkett* ist nicht nur der gepflegte Fußboden, sondern der gesamte Börsensaal im Sinne einer Handelsplattform gemeint. Und dieses Parkett verfügt über eine so genannte *Kulisse*. Dies ist die Bezeichnung für die Gesamtheit der Freimakler und Händler der Banken, die durch ihr Verhalten die Tendenz maßgeblich beeinflussen.

Börsenslang für Eingeweihte

Berichtet man, es sei dort *lustlos* zugegangen, so lagen kaum Nachfragen oder Angebote von privaten oder institutionellen Anlegern vor. Der Berufshandel bekam keine Impulse von außen. Die allgemeine Kurstendenz kann als *schwach, abbröckelnd, behauptet* oder sogar *freundlich* beschrieben werden.

Bullen und *Bären* sind gewissermaßen die Wappentiere der Börse. Dabei steht der Bulle für steigende Kurse, der Bär für eine Abwärtstendenz. Die Bezeichnungen *Bull-* und *Bear Market* werden international verstanden. Doch keiner kann heute mehr genau sagen, wie gerade diese Tiere zu der Ehre kamen.

Bull und Bear Market

Auch französisch weiß sich der Börsianer auszudrücken: *Hausse* für steigende, *Baisse* für fallende Kurse.

Im Börsensaal selbst herrscht ein recht legerer Umgangston mit vielen Kürzeln, um den Handel zügig abwickeln zu können. Am wichtigsten sind die Zurufe *von dir* (= ich kaufe) und *an dich* (= ich verkaufe).

Ist in der oft hektischen Betriebsamkeit der Lärm so groß geworden, dass man einander nicht mehr versteht, so ergänzt man die Worte durch eine gestenreiche Zeichensprache. Die Anzahl ausgestreckter Finger zeigt beispielsweise, wie viele *Schlüsse* (Pakete aus mehreren Aktien; ein Schluss umfasste ursprünglich 50 Stück. Heute können die Schlussgrößen – je nach Aktiengattung – abweichen) gehandelt werden. Die Bewegungsrichtung der Hand bedeutet Kauf oder

Verkauf. Zeit ist Geld. Deshalb läuft der Handel oft mit so abenteuerlicher Geschwindigkeit ab, dass es einiger Routine bedarf, um den Überblick nicht zu verlieren.

Blue Chips   Ist von den gehandelten Aktien die Rede, so hört man in der Berichterstattung häufig den Ausdruck *Blue Chips*. Das sind die Standardwerte, Aktien besonders großer Gesellschaften wie *Siemens, Deutsche Bank* oder *BASF,* von denen täglich große Mengen umgesetzt werden. Die Nebenwerte, kleinere Gesellschaften also, werden als *Small Caps* bezeichnet.

Häufig fällt auch der Begriff *Performance*. Hiermit ist die allgemeine Kursentwicklung des Marktes oder eines einzelnen Wertes gemeint. Der Begriff *Shareholder-Value* steht für die an Aktionärsinteressen ausgerichtete Unternehmenspolitik einer Aktiengesellschaft. Dies beinhaltet das Interesse an einer positiven Kursentwicklung, einer hohen Dividendenausschüttung und einer transparenten und umfassenden Informationspolitik des Unternehmens.

Wo informiert sich der Aktionär?

Ruf doch mal an! – Börseninformationen per Telefon

Ob Lottozahlen, Wettervorhersage oder die genaue Uhrzeit – ein Griff zum Telefonhörer und wir wissen Bescheid. Längst hat man sich an die Ansagedienste der Telekommunikationsanbieter gewöhnt. Die wenigsten Anleger wissen jedoch, dass ein solcher Ansagedienst auch für Börsennachrichten zur Verfügung steht. Praktisch jede Telefongesellschaft bietet eine entsprechende Servicenummer. Hier erfährt man schnell und bequem die Tendenzen der wichtigsten Märkte, die Kurse der Standardwerte und die Notierungen des Devisenhandels. Besonders wenn man sich im Ausland aufhält, keinen deutschen Sender empfangen kann und Zeitungen nur mit tagelanger Verspätung eintreffen, kann man sich mit einem Anruf einen schnellen Überblick über die wichtigsten Entwicklungen verschaffen. Doch auch wenn man unterwegs in Deutschland ist, mag die Kurzinformation per Autotelefon eine gute Hilfe sein, wenn im Radio gerade keine Wirtschaftsnachrichten zu bekommen sind. Einige Servicedienstleister bieten sogar an, die aktuellen Kurse auf den Bildschirm des Handys zu spielen.

Überblick per Telefon

Der Wirtschaftsteil der Zeitung

Die Tageszeitung, früher einmal die wichtigste Informationsquelle des Aktionärs, verliert in den letzten Jahren mehr und mehr an Bedeutung. Sie hat nun einmal einen entscheidenden Nachteil in unserer schnelllebigen Zeit: Ihre Informationen sind von gestern. Dennoch ist der Wirtschaftsteil der Tageszeitung ein unverzichtbarer Informationsbaustein für den Aktienanleger. Viele Trends, die sich während der Börsenzeit herausbilden, lassen sich ad hoc nicht ausreichend erklären. Erst die journalistische Recherche bringt in der *Ex-post-Analyse* Klarheit darüber, welche Marktmechanismen zur beobachteten Kursbewegung geführt haben. Die Erklärung kann sehr viel fundierter erfolgen, als es im Moment des Geschehens mög-

Unverzichtbar: der Wirtschaftsteil der Tageszeitung

lich gewesen wäre. Gerade „Börsenanfänger" sollten daher die Kommentare aufmerksam studieren, um ein Gefühl dafür zu gewinnen, welche Faktoren die Stimmung der Marktteilnehmer und somit die Kurse beeinflussen.

Das besondere Interesse gilt natürlich dem *Kurszettel*. Hier lassen sich auf einen Blick die Tendenzen des Vortages ablesen. Zusätzlich sind im Kurszettel auch noch eine Fülle von Zusatzinformationen versteckt. Hier eine Liste der wichtigsten Kurszusätze und ihre Bedeutung:

Die wichtigsten Kurszusätze auf dem Kurszettel

Kurszusätze	Bedeutung/Erläuterung
b/bz/bez	bezahlter Kurs (Zu diesem Kurs wurden Aktien ge- und verkauft. Meist werden bezahlte Kurse ohne Zusatz angegeben.)
G	Geld (Zu diesem Kurs bestand Kaufinteresse, aber kein entsprechendes Verkaufsangebot.)
bG	bezahlt Geld (Zu diesem Kurs wurden Aktien umgesetzt. Außerdem bestand weiteres Kaufinteresse zu diesem Kurs. Es fanden sich aber keine weiteren Verkäufer.)
B	Brief (Zu diesem Kurs bestand Verkaufsinteresse, aber kein entsprechendes Kaufinteresse.)
bB	bezahlter Brief (Zu diesem Kurs wurden Aktien umgesetzt. Außerdem bestand weiteres Verkaufsinteresse zu diesem Kurs. Es fanden sich aber keine weiteren Käufer.)
T/t	Taxe (Der Kurs wurde geschätzt.)
ex D	ex Dividende (Die Aktie wurde ohne Anspruch auf die fällige Dividende gehandelt.)

ex B	ex Bezugsrecht (Die Aktie wurde ohne Bezugsrecht gehandelt. Das Bezugsrecht wird getrennt von den alten Aktien an der Börse gehandelt.)
ex BA/ex Ber	ex Berichtigungsaktie (Die Aktie wurde ohne Anspruch auf den Bezug von Berichtigungsaktien gehandelt.)
St	Stämme (Stammaktien mit Stimmrecht)
Vz	Vorzüge (Vorzugsaktien; meist ohne Stimmrecht)
+	Plusankündigung (Weist auf mindestens 5 Prozent Kursanstieg hin.)
–	Minusankündigung (Weist auf mindestens 5 Prozent Kursverlust hin.)
++	doppelte Plusankündigung (Weist auf mindestens 10 Prozent Kursanstieg hin.)
– –	doppelte Minusankündigung (Weist auf mindestens 10 Prozent Kursverlust hin.)
Div	Dividende (Letzte gezahlte Dividende der Gesellschaft)
bz rep G 10 %	bezahlt repartiert Geld zehn Prozent Zuteilung (Zu diesem Kurs wurden Aktien umgesetzt. Die Nachfrage war so hoch, dass das knappe Angebot den Käufern zugeteilt wurde. Jeder Käufer konnte nur 10 Prozent seines Kaufwunsches erwerben.)
bz rep B 50 %	bezahlt repartiert Brief fünfzig Prozent Zuteilung (Zu diesem Kurs wurden Aktien umgesetzt. Das Angebot war so hoch, dass nur 50 Prozent eines jeden Verkaufsauftrages ausgeführt werden konnten.)
Gestr.	Gestrichen (Es kam kein Geschäft zu Stande.)

Die wichtigsten Kurszusätze

Viele Kurszettel enthalten neben diesen Kurszusätzen noch weitere Informationen, die der versierte Aktienanleger für sich nutzen kann. So werden häufig die Höchst- und die Tiefstkurse der Vergangenheit (zum Beispiel des letzten halben Jahres) angegeben. Es finden sich auch Hinweise auf den Streubesitzanteil des Aktienkapitals der jeweiligen Gesellschaft. So kann man beurteilen, welcher Anteil des gesamten Aktienbestandes tatsächlich im Handel umgeht. Ferner werden geschätzte Dividenden oder Gewinnschätzungen des laufenden Geschäftsjahres angeboten.

In einigen Fällen wird zu den aufgeführten Aktien sogar die Markteinschätzung der Analysten mitveröffentlicht. Entsprechende Kürzel zeigen an, ob die Aktie für kaufens-, haltens- oder verkaufenswert gehalten wird. Beispielsweise kann ein aufwärtsgerichteter Pfeil auf Kurssteigerungspotenzial hindeuten und umgekehrt.

Die Börsenberichte in Rundfunk und Fernsehen

Die Börsennachrichten können täglich im Radio verfolgt werden. Je nach Wohnort wird man zumindest einen der folgenden Sender empfangen können, die täglich auf UKW entsprechende Wirtschaftsnachrichten anbieten:

Wirtschafts-
nachrichten
auf UKW

- Bayerischer Rundfunk
- Hessischer Rundfunk
- Norddeutscher Rundfunk
- Radio Bremen
- Saarländischer Rundfunk
- Sender Freies Berlin
- Südwestdeutscher Rundfunk
- Westdeutscher Rundfunk

Über Ausstrahlungsfrequenzen und Sendezeiten informiert Sie Ihre Programmzeitschrift. Mittags während und nach der Börsenzeit ist das Informationsangebot am größten.

Schlussbericht
von der
Wall Street

Auch wer sich für die Entwicklung an der *Wall Street* interessiert, wird fündig: Das in Deutschland auf UKW ausgestrahlte Programm von *American Forces Network (AFN)* bietet am späten Nachmittag erste Tendenzen und um Mitternacht einen Schlussbericht vom amerikanischen Markt mit ausgewählten Kursen.

Und auch bei Auslandsreisen müssen Sie auf Informationen nicht verzichten. Außerhalb der Bundesrepublik empfangen Sie die deutschen Sender je nach Standort auf der Lang-, Mittel- oder Kurzwelle. Insbesondere der Service der *Deutschen Welle* ist mit einem leistungsstarken Kurzwellenempfänger weltweit zu hören. Innerhalb Europas finden Sie darüber hinaus den *Deutschlandfunk* auf der Mittel- und Langwelle.

Auch das Fernsehen versorgt den Börsianer mit einer Fülle nützlicher Informationen. Neben den seit Jahren bekannten Wirtschafts-Ratgeber-Sendungen sind die Mittagsmagazine, die Informationen direkt aus der Börse anbieten, wegen ihrer Aktualität von besonderer Bedeutung.

Fernsehmagazine

Sie geben dem Zuschauer die Möglichkeit, sich live über die Tendenz des Marktes zu informieren und eventuelle Orders zeitgleich per Telefon an die Hausbank weiterzugeben.

Die ausführlichste Sendung ist dabei die *Tele-Börse,* die auf dem Nachrichtenkanal *n-tv* ausgestrahlt wird. Hier werden neben der reinen Berichterstattung auch viele Hintergrundinformationen angeboten. Dazu gehören Unternehmensporträts, Interviews mit Börsenhändlern, Analysten und Führungskräften einzelner Unternehmen.

Tele-Börse auf n-tv

TIPP Für den börseninteressierten „Anfänger" stellt das Informationsprogramm *Tele-Börse* von *n-tv* eine der besten Möglichkeiten dar, sich auf unterhaltsame Weise mit der vielfältigen Thematik des Aktienmarktes vertraut zu machen.

Auch im *Bildschirmtext* (BTX) findet sich auf den entsprechenden Seiten eine Fülle von aktuellen Informationen zum Börsengeschehen.

Informationen von Ihrer Bank

Jede Bank, ob groß oder klein, analysiert fortlaufend die aktuellen Entwicklungen an den Kapitalmärkten. Das ist schon deshalb eine Selbstverständlichkeit, weil nicht nur Kundenguthaben verwaltet, sondern auch eigene Gelder angelegt werden. Auch die eng mit den Banken verbundenen Investmentgesellschaften betreiben eine umfangreiche Marktanalyse, um das Fondsvermögen optimal anlegen zu können.

Die gewonnenen Erkenntnisse und die daraus resultierenden Anlageempfehlungen werden einerseits den Kundenberatern zugeleitet. Andererseits nutzen die meisten Kreditinstitute die Ergebnisse ihrer Untersuchungen für Informationsbriefe oder -broschüren.

Auf Nachfrage bei jeder Bank erhältlich: Infomaterial zur Wertpapieranlage

Daneben werden in vielen Häusern in unregelmäßigen Abständen Unternehmen, Branchen oder Wirtschaftsregionen unter die Lupe genommen. Darüber stehen dann entsprechende Dossiers zur Verfügung. Vielfach sind auch Spezialinformationen zu einzelnen Aspekten der Wertpapieranlage erhältlich. So zum Beispiel zur steuerlichen Behandlung oder zu Erbschaftsfragen.

Leider erhält man die meisten Materialien nur auf ausdrückliche Nachfrage.

TIPP Bitten Sie Ihren Anlageberater um Informationsmaterial. Lassen Sie sich für regelmäßig erscheinende Publikationen auf den Verteiler setzen.

Fachzeitschriften

Ergänzend zum Wirtschaftsteil der Tageszeitung gibt es eine Fülle von Fachzeitschriften zur Wertpapieranlage. Welche der Publikationen dem persönlichen Informationsbedürfnis am besten entspricht, muss jeder selbst entscheiden.

Aktualität ist Trumpf

Grundsätzlich empfiehlt es sich, knapp formulierte, wöchentlich erscheinende Hefte umfangreichen Monatszeitschriften vorzuziehen. Aktualität ist nämlich Trumpf. Denn was hilft Ihnen die exakteste Analyse, wenn sie zwei Wochen alt und längst in der Kursentwicklung zum Ausdruck gekommen ist?

Hat sich nach einiger Zeit eine Vorliebe für ein bestimmtes Blatt herausgebildet, so kann ein Abonnement sinnvoll sein, da Ihnen so die Ausgaben meist ein bis zwei Tage vor Erscheinen am Kiosk zugestellt werden. Auch die steuerliche Absetzbarkeit als Informationskosten zur Erzielung von Einkünften aus Kapitalerträgen ist bei Abonnementsgebühren unproblematischer als beim Einzelkauf.

Bei manchen Zeitschriften – insbesondere dann, wenn bestimmte Investmentgesellschaften oder Vertriebsorganisationen allzu sehr in den Mittelpunkt des Interesses geraten – beschleichen einen Zweifel an der redaktionellen Unabhängigkeit. Auch besteht die Gefahr, dass gelegentlich Empfehlungen allein deshalb gegeben werden, um die Kurse eigener Bestände in die Höhe zu treiben. Hier ist eine gewisse Wachsamkeit erforderlich. Als grobe Faustregel lässt sich sagen, dass mit der Höhe der Auflage die Wahrscheinlichkeit einer unabhängigen Berichterstattung zunimmt.

Besonderes Interesse verdienen die von vielen Zeitschriften durchgeführten Vergleichstests. So wie man Waschmaschinen, Trockenhauben und Hundefutter testet, tut man es auch mit Finanzprodukten. Zum Beispiel können Vergleiche verschiedener Investmentfonds oder die Gegenüberstellung der Depotführungsgebühren diverser Banken wichtige Orientierungshilfen geben. Auch die unabhängige *Stiftung Warentest* nimmt den Bereich der Finanzdienstleistungen genau unter die Lupe und veröffentlicht Ergebnisse in der Zeitschrift *Finanz Test*.

Finanzdienstleistungen im Vergleich: Finanz Test

Informationsbriefe

Eine besondere Art regelmäßig erscheinender Anlageempfehlungen stellen die so genannten *Informationsbriefe* dar. Mit Namenszusätzen wie *intern* oder *vertraulich* vermitteln sie beim Leser den Eindruck, zu einem kleinen, ausgewählten Kreis zu gehören, dem die enthaltenen Tipps exklusiv zugänglich gemacht werden. Auch die äußere Aufmachung, die mehr der eines persönlichen Briefes als der einer Zeitschrift gleicht, trägt zu diesem Eindruck bei.

Die Exklusivität dieser Informationsbriefe ergibt sich jedoch lediglich aus der Tatsache, dass sie nur im Abonnement und nicht im Zeitschriftenhandel erhältlich sind. Jedermann kann sie bestellen. Ob nun die enthaltenen Informationen konventionellen Quellen derart überlegen sind, wie vielfach behauptet wird, lässt sich schwer feststellen. Wirtschaftsjournalisten haben mehrfach versucht, die Anlagetipps verschiedener Briefe in regelrechten Vergleichstests zu prüfen. Die Ergebnisse lassen aber keine eindeutigen Schlüsse zu. Unbestritten ist, dass die jeweiligen Herausgeber über ein Netz erstklassiger Informanten verfügen. Es darf daher vermutet werden, dass ihnen interessante Entwicklungen oft eher und präziser bekannt sind. Sensationelle Tipps sind dennoch nicht zu erwarten. Dafür sorgen allein schon die gesetzlich verankerten *Insiderrichtlinien*. Sie verbieten nämlich die Gewinn bringende Nutzung oder Weitergabe von Informationen, die nur Insidern durch ihre berufliche Tätigkeit oder ihre Funktion in Gremien zugänglich sind.

Im Abonnement erhältlich: Informationsbriefe

Probeexemplare anfordern

TIPP Wenn Sie sich für den Bezug eines Informationsbriefes interessieren, versuchen Sie zunächst, Probeexemplare zu erhalten oder fragen Sie Bekannte nach deren Erfahrungen. So können Sie, bevor Sie sich langfristig an ein Abonnement binden, prüfen, ob die gebotenen Informationen Ihren Erwartungen entsprechen und im Rahmen Ihrer Anlagepolitik tatsächlich umsetzbar erscheinen.

Online-Datenanbieter

Professionelle Anbieter: Börseninformationen online

Eine Vielzahl von Anbietern offeriert den Anschluss an *Bildschirminformationssysteme.* Die Anwender werden mit dem jeweiligen Netzwerk per Standleitung verbunden und können auf ihrem Monitor die gewünschten Infoseiten aufrufen. Alle ins System eingegebenen Daten stehen den Nutzern sofort *online,* also zeitgleich, zur Verfügung. Während einige Netze allein der Informationsverbreitung dienen, ermöglichen andere auch die aktive Teilnahme am Handel. Hier eine Auswahl internationaler Datenanbieter, die auf ihrem Netz auch Börseninformationen verbreiten:

- ADP
- BIS
- Bloomberg
- Bridge Information Systems
- CQG
- Datastream
- Dow Jones Telerate
- EAG
- Fides Informatik
- FutureSource
- GIS GmbH
- Intelligent Information
- Knight Ridder
- Neue Wirtschaftspresse
- News Net
- Reuters
- S&P ComStock
- Silverline
- STS
- Teledata
- Telekurs
- Telerate
- Tenfore Europe Ltd.
- Track Data
- TraderMade
- VWD Videoticker

Für den privaten Anleger ist es sicher bei weitem zu aufwändig und kostspielig, sich an ein derartiges Netz anschließen zu lassen. Wer aber durch seine berufliche Tätigkeit ohnehin einen Zugriff hat, bekommt durch Aufruf der entsprechenden Bildschirmseiten die aktuellsten Börseninformationen und kann in vielen Fällen sogar das Handelsgeschehen beobachten.

Börsenbeobachtung im Internet – die besten Links

Das Internet ist das mit Abstand meistbeachtete und schnellst-wachsende Informationsnetz der Gegenwart. Weltweit nimmt die Menge verfügbarer Daten von Tag zu Tag sprunghaft zu. Der Finanz-sektor macht dabei keine Ausnahme. Abgesehen davon, dass die großen Provider (t-online, compuserve, aol, etc.), über die die meis-ten Nutzer ins Netz gelangen, ihren Mitgliedern interne Informa-tionsplattformen für den Finanzbereich anbieten, enthält das World Wide Web eine schier grenzenlose Fülle. Fast jede Bank unterhält heute eine Homepage. Die Dynamik, mit der sich die Inhalte ent-wickeln, macht es unmöglich, einen allumfassenden Überblick des Angebotes zu erstellen. Dennoch sollen hier einige Links, d.h. Inter-net-Adressen genannt werden, die den Aktieninteressierten sowohl mit Kursen als auch mit Hintergrundinformationen versorgen:

Großes Angebot: Infobörse World Wide Web

Internet-Adressen in Auswahl

- **http://www.exchange.de**
  Deutsche Börse AG, Frankfurt am Main
- **http://www.neuer-markt.de**
  Handelssegment „Neuer Markt" an der Deutschen Börse
- **http://www.exchange.de/realtime/index_d.html/**
  Kursentwicklung der 30 DAX-Werte und des DAX in Echtzeit
- **http://193.135.166.4/TermFinance/ge**
  Umfangreiches Stichwortverzeichnis nahezu aller Fachausdrücke des Finanzwesens mit kurzer Erläuterung jedes Begriffes; zur gezielten alphabetischen Suche bestens geeignet
- **http://www.financial.de/top100/top100li.htm**
  Eine Liste mit Links der besten 100 Web-Pages im Finanzbereich
- **http://www.dai.de**
  Deutsches Aktieninstitut, eine Fülle von Informationen zu allen Bereichen des Aktienwesens, besonders auf die Bedürfnisse von Aktienneulingen zugeschnitten; dazu ein Link zu brandaktuellen Ad-hoc-Meldungen von Aktiengesellschaften über vwd
- **http://www.advance-bank.de**
  Advance-Bank, Anlage-Tipps, insbesondere das Programm „Asset Allocation" zur Beratung bei der Diversifikation des Anlagever-mögens

Internet-Adressen mit Börsen- und Kursinfos

- **http://www.consors.de/**
  Consors-Direktbank, Kurse der 50 umsatzstärksten deutschen Aktien sowie der DTB-Terminkontrakte mit nur 15 Minuten Verzögerung
- **http://www.boersenkurse.de**
  Börse live, bis, Börseninformationssysteme GmbH, Kurse mit nur 15 Minuten Verzögerung
- **http://focus.de/finanzen**
  Börsen weltweit, direkter Zugang zu über 100 Märkten in Europa und Übersee
- **http://www.dm-online.de**
  Jede Menge Tipps der DM-Redaktion, unter anderem ein Portfolio-Manager und ein Optionsschein-Kalkulator
- **http://www.guh.de/**
  Gries und Heissel, deutsche Nebenwerte und Tipps
- **http://www.sac.de**
  Stuttgarter Aktien-Club e.V., eine Fülle von Informationen des bekanntesten deutschen Aktien-Clubs
- **http://www.teleserv.co.uk/stock/**
  Tele-Stock, Kurse und Charts zu rund 60.000 Wertpapieren aus aller Welt
- **http://www.stockmaster.com/**
  MIT Stock-Master, aktuelle Kurse und Charts US-amerikanischer Aktien
- **http://www.bloomberg.com/**
  Finanzinformationen und weiterführende Links
- **http://www.finweb.com/**
  Finweb, Informationen und Links zum Finanzbereich
- **http://www.focus.de/warndienst**
  Nepper, Schlepper und Bauernfänger im Anlagebereich
- **http://www.zdfmsn.de/ratgeber/wiso/**
  Tipps der ZDF-wiso-Redaktion
- **http://www.adig.de/**
  ADIG Investmentfondsgesellschaft, Gewinnspiel: Wer den DAX am Monatsende voraussagt, kann gewinnen

Daneben bieten viele Aktiengesellschaften auf ihrer Homepage Extraseiten für Aktionäre an. Interessiert man sich also für ein spezifisches Unternehmen, kann es hilfreich sein, dessen Server direkt anzuwählen und diese Informationen einzusehen. Das Deutsche

Aktieninstitut bietet auf seiner Homepage (s.o.) eine Liste mit Links zu Servern deutscher Aktiengesellschaften an. Oft ist hier sogar ein interaktiver Dialog per E-Mail vorgesehen, sodass der Aktionär die Möglichkeit hat, zusätzliche Informationen (z.B. den letzten Geschäftsbericht) abzurufen oder sonstige Auskünfte zu erhalten.

TIPP Suchen Sie sich beim „Surfen" im Internet die interessantesten Homepages für den Aktienbereich heraus. Hierbei helfen Ihnen Internet-Suchmaschinen, die auf der Basis von Ihnen vorgegebener Stichworte eine Empfehlungsliste auswerfen. Sie brauchen die aufgelisteten Angebote dann nur noch mit der Maus anzuklicken, um die entsprechenden Pages betrachten zu können.

Internet-Suchmaschinen

Speichern Sie diejenigen Angebote, deren Informationsprofil Ihren Anforderungen am nächsten kommt in der Lesezeichen- oder Favoritenfunktion Ihres Browsers, um sie später ohne langes Suchen erneut aufrufen zu können.

Achten Sie darauf, dass die meisten Browser zunächst nur den zuletzt angezeigten Inhalt auswerfen, sodass sie dort, wo aktualisierte Inhalte erwartet werden, nach dem Wiederaufruf einer Seite stets die Funktion „neu laden" anklicken sollten, um auch tatsächlich die neueste Version gezeigt zu bekommen.

Manche Anbieter versenden ihre aktuellen Börseninformationen regelmäßig per E-Mail an Interessierte. Das Abonnieren eines derartigen Mail-Informationsbriefes ist in einigen Fällen sogar kostenlos möglich. Die so erhaltenen Informationen sind stets topaktuell, da die jeweilige Redaktion Änderungen und Ergänzungen bis unmittelbar vor dem Versand einarbeiten kann.

Per Abo frei Computer: Mail-Informationsbriefe

TIPP Unter folgenden Adressen können Sie sich zum Empfang börsenbezogener E-Mails registrieren lassen:
- http://www.wallstreet-online.de
- http://www.stockgenie.com

Aktienanalyse und Anlagestrategie – wo stecken die Schnäppchen?

Die Fundamentalanalyse

Immer wieder steht der Anleger vor der Frage, welches der faire Preis einer Aktie ist. Um ermessen zu können, ob der momentane Kurs das Papier über- oder unterbewertet, muss man zunächst einmal ermitteln, welchen Wert die Aktiengesellschaft als Ganzes hat. Dazu bedient man sich der *Fundamentalanalyse*. Sie versucht, auf der Grundlage fundamentaler, also objektiv nachvollziehbarer Daten, den Wert einer Gesellschaft und damit den ihrer Aktien zu ermitteln. Man spricht in diesem Zusammenhang auch vom *inneren Wert*.

Ermittelt den Wert der Aktiengesellschaft: die Fundamentalanalyse

- Liegt der innere Wert *über* dem derzeitigen Börsenkurs, so erscheint die Aktie kaufenswert,
- liegt er *darunter,* so sind Kursverluste zu erwarten.

Bei der Ermittlung des inneren Wertes sind zwei Ansätze möglich:

Die Substanzwertermittlung

Schwierig: die Substanzwertermittlung

Hierbei wird errechnet, was es kosten würde, ein ebensolches Unternehmen inklusive aller Vermögensbestandteile zu reproduzieren. Dabei müssen auch immaterielle Werte miteinbezogen werden. Verbindlichkeiten werden abgezogen. Dieses Verfahren bereitet erhebliche Schwierigkeiten, wenn Faktoren wie „guter Ruf", „Bekanntheit" oder „Mitarbeitertreue" bewertet werden sollen, die einen ganz entscheidenden Einfluss auf den Wert eines Unternehmens haben. Diese Größen lassen sich jedoch weder in gleicher Weise reproduzieren noch exakt quantifizieren.

Die Ertragswertermittlung

Aufgrund dieser Bewertungsprobleme kommt man mit der *Ertragswertermittlung* dem tatsächlichen Wert eines Unternehmens näher. Hier geht man davon aus, dass die Aktionäre den Wert der Gesellschaft vor allem an zukünftigen Ertragsaussichten messen. Um also den inneren Wert zu erhalten, werden die zukünftig erwarteten Gewinne auf den gegenwärtigen Zeitpunkt abgezinst und addiert. Die Abzinsung ist deshalb erforderlich, da Erträge, die sofort anfallen, bereits zinsbringend angelegt werden können. Erträge, die in der Zukunft liegen, vermögen aber erst viel später Zinsen zu bringen und sind deshalb natürlich aus heutiger Sicht weniger wert.

Die Ertrags-wertermittlung

Die moderne Aktienanalyse bedient sich zur Errechnung des inneren Wertes in erster Linie der *Ertragswertermittlung*. Bei der Liquidation von Unternehmen oder bei Übernahmen, bei denen es den Aufkäufern nicht um die Weiterführung, sondern um die Einzelverwertung der Vermögensbestandteile geht, ist die *Substanzwertermittlung* hingegen die adäquate Bewertungsmethode.

Die Chartanalyse

Die Fundamentalanalyse geht davon aus, dass die Kursbildung von objektiv mess- oder schätzbaren Wert- bzw. Ertragsgrößen abhängt. Außer diesen „rationalen" Einflussfaktoren prägen vielerlei Trends, Stimmungen und andere nicht rechnerisch fassbare Größen die Kurse. Dadurch kann sich die tatsächliche Entwicklung zeitweise vom objektiv nachvollziehbaren Kursniveau entfernen. Weil die Fundamentalanalyse methodisch überfordert ist, wenn sich psychologische Faktoren am Markt niederschlagen, ergänzt man sie durch die *technische Analyse*.

Die technische Analyse arbeitet im Wesentlichen mithilfe so genannter *Charts*. Darunter versteht man die Darstellung von Kursverläufen in grafischer Form über einen bestimmten Zeitraum hinweg. Ziel ist es dabei, anhand der grafischen Abbildungen durch ausgeklügelte Interpretationsverfahren Prognosen zu erstellen und Trendverläufe auf diese Weise frühzeitig zu erkennen. Diese Analyse kann für einzelne Aktien, bestimmte Gruppen oder den gesamten Markt durch die Abbildung von *Indexverläufen* vorgenommen werden. Charts sind so aufgebaut, dass auf der horizontalen Achse der *Zeitablauf,* auf der senkrechten Achse der *Kursstand* angegeben wird.

Technische Analyse mit Charts

Unter Fachleuten ist der Aussagegehalt grafisch aufbereiteter historischer Kursverläufe für Prognosezwecke sehr umstritten.

Dow-Theorie: Prognosen anhand der grafischen Darstellung von Kursverläufen

Pionier der technischen Aktienanalyse war *Charles Henry Dow,* der durch die Entwicklung der populären *Dow-Jones-Aktienindizes* bekannt geworden ist. Er erkannte schon Ende letzten Jahrhunderts, dass man anhand der grafischen Darstellung von Kursverläufen bestimmte Trends ausmachen kann. Auf der nach ihm benannten *Dow-Theorie,* in der er versuchte, aus grafischen Formationen Gesetzmäßigkeiten zur Prognose abzuleiten, basieren die seitdem stark verfeinerten technischen Analysemethoden.

- Bei der Betrachtung eines grafisch wiedergegebenen Kursverlaufs lässt sich zunächst ein *Primärtrend,* also die langfristige Hauptbewegungsrichtung des Kursverlaufs erkennen.
- Mittelfristige Auf- und Abschwünge zeigen innerhalb dieser Grundtendenz einzelne *Sekundärtrends* und vermögen für eine Weile vom Verlauf des Primärtrends abzuweichen.
- Kurzfristige *Tagesschwankungen* können ihrerseits dem Sekundärtrend entgegengerichtet sein.

Die in der Bundesrepublik gebräuchlichsten Charts sind:

Linien- und Balkencharts

- *Liniencharts.* Sie erfassen die Kassakurse aufeinander folgender Börsentage und verbinden die einzelnen Punkte miteinander.
- *Balkencharts.* Sie stellen aufeinander folgende Zeitintervalle durch senkrechte Striche dar, deren höchster Punkt den Höchstkurs innerhalb des Intervalls markiert. Das untere Ende markiert den Tiefststand. Wird beispielsweise als Zeitintervall ein Tag gewählt, so gibt das obere Ende den Tageshöchst-, das untere Ende den Tagestiefstkurs an. Manchmal findet sich auf dem Balken eine zusätzliche Markierung für den Tagesschlusskurs.

Verdeutlicht werden die einzelnen Trends in der Chartanalyse durch das Einzeichnen von so genannten *Widerstandslinien,* die die Kursausschläge nach oben, und durch *Unterstützungslinien,* die die Kursrückgänge nach unten begrenzen. Das Gebiet zwischen Unterstützungs- und Widerstandslinie markiert den so genannten *Trendkanal* (siehe Abb. S. 57).

Rückschlüsse auf den Kursverlauf mittels Formationen

Mithilfe der grafischen Darstellung (insbesondere der Balkencharts) versucht die technische Analyse nun, so genannte *Formationen* zu erkennen, um daraus Prognosen des vermutlichen weiteren Verlaufs ableiten zu können. Unter Formationen versteht man bestimmte grafische Konstellationen in Abschnitten des Chartver-

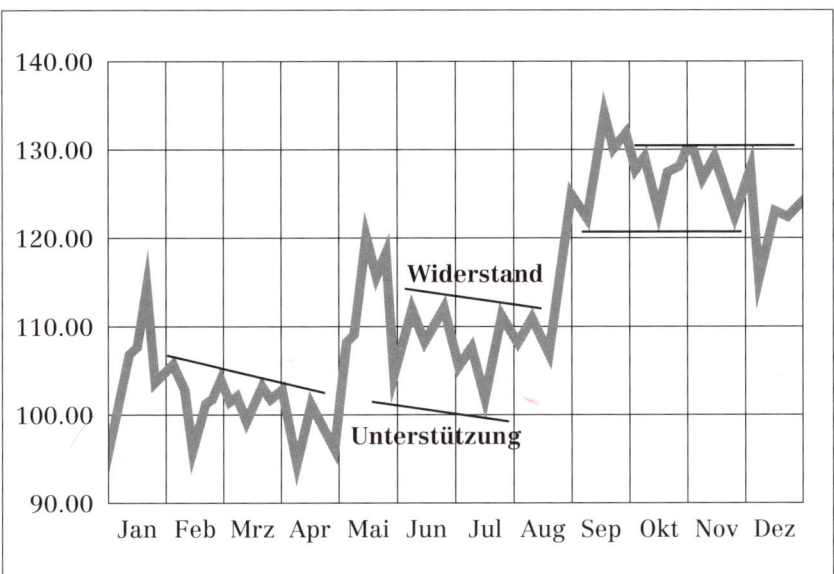

Widerstands- und Unterstützungslinien

Quelle: Deutsches Aktieninstitut e.V., Düsseldorf

laufes. Die Namen der verschiedenen Formationstypen sind bildhafte Umschreibungen ihres Aussehens.

Als Formationen, die eine *Trendumkehr* anzeigen, gelten: *Trendumkehr*

- V-Formation
- M-Formation
- W-Formation (Doppel-Boden-Formation)
- Untertassen-Formation
- Kopf-Schulter-Formation (siehe Abb. S. 58)

oder deren Umkehrung

Als Formationen, die einen *Trend bestätigen,* gelten: *Trendbestätigung*

- Verbreiterungsformation
- Flagge
- Wimpel (siehe Abb. S. 58)

Rechtecke und Dreiecke können Trends bestätigen oder auch eine Trendumkehr anzeigen.

Mithilfe so genannter *Transaktionsregeln* lassen sich beim Erkennen solcher Formationen Rückschlüsse auf den vermutlichen weiteren Kursverlauf ziehen. Formationen werden jedoch meist erst

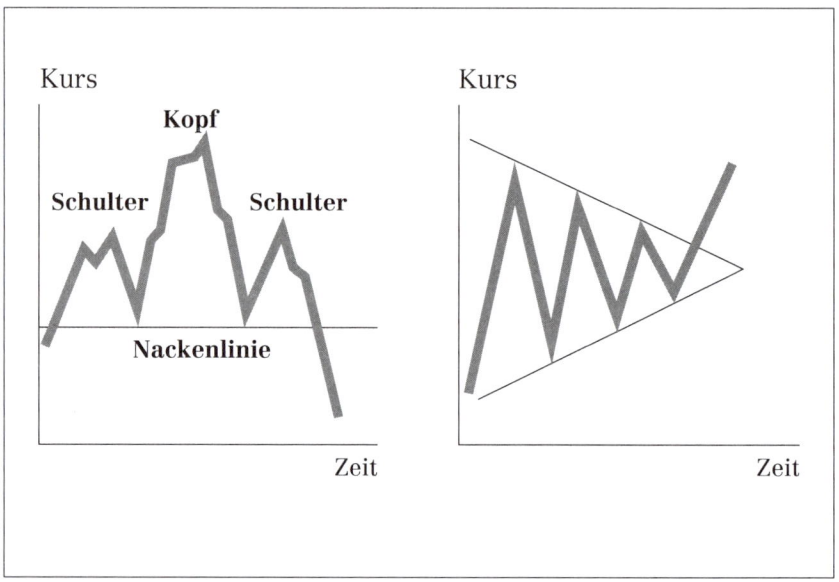

Die Kopf-Schulter-Formation (links) zeigt eine Trendumkehr an,
die Wimpelformation (rechts) bestätigt einen Trend.

Quelle: Deutsches Aktieninstitut e. V., Düsseldorf

dann vollständig erkannt, wenn sie fast vollendet sind. Daher ist eine frühzeitige, Gewinn bringende Strategie auf deren Grundlage nur selten möglich.

Durch die Überlagerung mehrerer Charts und durch die Einzeichnung weiterer Hilfslinien lassen sich zusätzliche Schlüsse ziehen:

Gleitende Durchschnittslinien

Durchschnitts-
werte über einen
bestimmten
Zeitraum

Gleitende Durchschnittslinien – am bekanntesten ist der gleitende Durchschnitt der letzten 200 Tage – geben zusätzlich zur Interpretation erkannter Formationen die Möglichkeit, die Trendentwicklung grafisch vorauszuschätzen. Für jeden Börsentag wird der Durchschnittswert der letzten (beispielsweise 200) Tage gebildet. An jedem folgendem Tag entfällt der älteste Kurs und der aktuelle Kurs kommt hinzu. Auf diese Weise lässt sich eine Glättung von irritierenden Tagesschwankungen erreichen. Je länger der Zeitraum, über den hinweg ein gleitender Durchschnitt errechnet wird, desto geringer ist die Gefahr, dass kurzfristige Trendabweichungen zu einer Verfälschung führen.

■ Liegt die Kurve des 200-Tages-Durchschnitts beispielsweise über dem Kurs- oder Indexniveau, so deutet man dies als *Abschwung-signal.*

■ Liegt der Durchschnitt darunter, so wird von einem *Aufwärts-trend* ausgegangen.

Das sagt der gleitende Durch-schnitt aus

Besondere Bedeutung kommt den Punkten zu, wo Durchschnittsli-nien vom Kursverlauf nach oben oder unten durchstoßen werden:

■ Ein Durchbrechen von unten nach oben gilt aus *Aufwärtssignal,*

■ ein abwärts gerichtetes Durchbrechen als *Abwärtssignal.*

Advance-Decline-Linie

Weitere Erkenntnisse gewinnen Charttechniker aus der so genann-ten *Advance-Decline-Linie,* die das Verhältnis der Anzahl gestiege-ner zur Anzahl gefallener Kurse misst.

Advance-Decline-Linie

■ Bei *sinkender* Advance-Decline-Linie nimmt die Zahl der Aktien mit Kursgewinnen ab.

■ Bei *steigender* Linie nimmt die Zahl der Titel mit Kurssteigerun-gen zu.

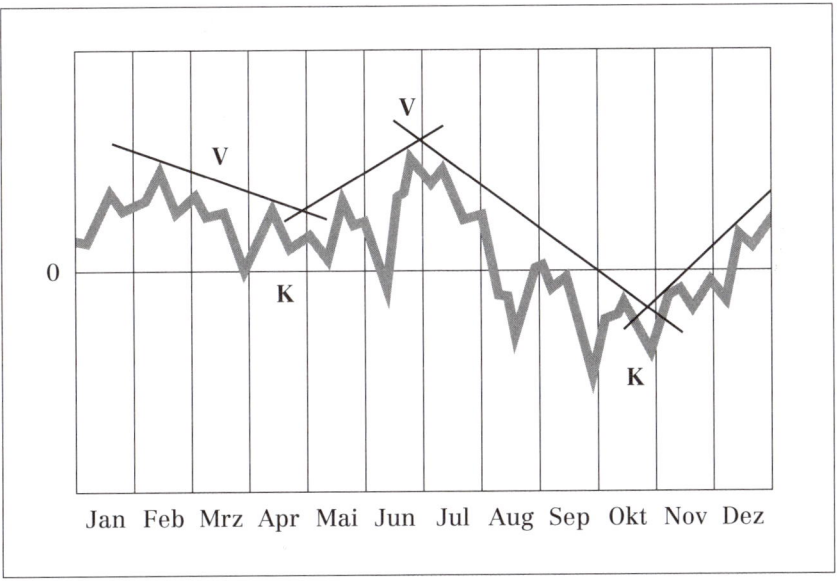

Advance-Decline-Linie (V = Verkauf, K = Kauf)

Quelle: Deutsches Aktieninstitut e. V., Düsseldorf

Steigt nun ein Aktienindex noch, während die Advance-Decline-Linie schon fällt, so gilt dies als Alarmsignal, weil der Kursaufschwung von immer weniger Werten getragen wird.

Pro und kontra: technische Aktienanalyse

Die Möglichkeiten der technischen Aktienanalyse sind in der Fachwelt sehr umstritten. Ihre Verfechter sind überzeugt, dass sich durch derartige Verfahren Strategien formulieren lassen, die – unterstützt durch moderne Software – eine zuverlässige Prognose ermöglichen. Kritiker bezweifeln die Aussagefähigkeit der Formationenbildung, weil das Erkennen oft sehr subjektiv erfolge. Es wird außerdem bezweifelt, dass in der Vergangenheit beobachtete Verläufe auch für künftige Kursbewegungen relevant sind.

In der Praxis arbeiten professionelle Marktanalysen heute meist mit einer Kombination aus Fundamental- und Chartanalyse.

Das Kurs-Gewinn-Verhältnis

Hilfreiche Kennzahl für den Kaufentscheid

Das *Kurs-Gewinn-Verhältnis (KGV)* ist eine hilfreiche Kennzahl, um herauszufinden, ob Aktien im Verhältnis zueinander oder zum Branchen- oder Marktdurchschnitt angemessen bewertet werden, also kaufenswert sind.

Dabei geht man von der Überlegung aus, dass der bezahlte Kurs in einem günstigen Verhältnis zum erwarteten Unternehmensgewinn stehen sollte. Der geschätzte Reingewinn des Geschäftsjahres wird zunächst durch die Anzahl ausgegebener Aktien geteilt. Man erhält so den geschätzten Gewinn pro Aktie. Die Zuverlässigkeit der Gewinnschätzung hat unmittelbaren Einfluss auf die Aussagefähigkeit des KGV.

Anschließend wird der aktuelle Aktienkurs durch den geschätzten Gewinn pro Aktie geteilt. Das Ergebnis zeigt, mit dem Wievielfachen des geschätzten Gewinns die Aktie momentan bewertet wird.

Beispiel:
Der aktuelle Kurs der Muster-AG-Aktie beträgt 330 €. Der geschätzte Gewinn pro Aktie für das laufende Geschäftsjahr beläuft sich auf zirka 40 €. Es ergibt sich als
$$KGV = \frac{330}{40} = 8,25$$
Das bedeutet, dass die Musteraktie zur Zeit mit dem $8\frac{1}{4}$fachen ihres voraussichtlichen Gewinns bewertet wird.

Erst der Vergleich mit anderen Gesellschaften, dem Gesamtmarkt oder den Branchendurchschnitten gibt Aufschluss darüber, ob die Aktie angemessen bewertet wird.

Unterschiede der KGVs verschiedener Werte können sich aus dem für die nächsten Jahre erwarteten Gewinnwachstum ergeben. Und auch kurzfristige Gewinnschwankungen vermögen einen erheblichen Einfluss auszuüben.

Der geschätzte Gewinn pro Aktie darf nicht mit der voraussichtlichen Dividende verwechselt werden. Der größte Teil des Gewinns muss im Unternehmen reinvestiert werden. Beispielsweise für Forschung, Neuentwicklung, Erweiterung und Rücklagenbildung. So steht nur ein Teil des Gewinns zur Dividendenausschüttung zur Verfügung. Schüttete man den gesamten Gewinn an die Aktionäre aus, so würde die Gesellschaft ihre Konkurrenzfähigkeit verlieren.

In der Fachliteratur wird das Kurs-Gewinn-Verhältnis häufig auch als *price earning ratio* oder kurz *P/E ratio* bezeichnet.

Dividende und Rendite

Während die Aktionäre an möglichst hohen *Dividenden* interessiert sind, wird der Vorstand einer Aktiengesellschaft bemüht sein, einen möglichst großen Teil des erwirtschafteten Gewinns im Unternehmen zu behalten, um für Modernisierung, Forschung, die Erschließung neuer Märkte, Betriebserweiterungen und die Bildung von Rücklagen finanziell gerüstet zu sein. Welcher Anteil des Gewinns tatsächlich als Dividende ausgezahlt wird, erkennt man an der so genannten *Ausschüttungsquote*. Sie zeigt, wie dividendenfreudig die Ausschüttungspolitik einer Aktiengesellschaft ist.

Das interessiert den Aktionär: Ausschüttungsquote ...

Beispiel:
Die Muster AG hat im vergangenen Geschäftsjahr einen Gewinn pro Aktie von 20 € erzielt. Sie zahlt pro Aktie 12 € Dividende an die Aktionäre aus. Die Ausschüttungsquote beträgt 60 Prozent. Das bedeutet, dass 60 Prozent des Gewinns je Aktie zur Dividendenzahlung verwandt werden. 40 Prozent verbleiben im Unternehmen.

Die Reinvestition eines Teils des erwirtschafteten Gewinns zur Erhaltung der Konkurrenzfähigkeit und die Bildung angemessener

Rücklagen sind für ein gesundes Unternehmen eine Notwendigkeit. Es muss stets ein finanzielles Polster zum Ausgleich größerer Ertragsschwankungen vorhanden sein. Da die Rücklagenbildung das Eigenkapital vermehrt, trägt sie außerdem zur Finanzierung des Unternehmenswachstums bei. Berücksichtigt man diese Zusammenhänge, so sind Ausschüttungsquoten von um die 50 Prozent durchaus akzeptabel. Hohe Ausschüttungsquoten bei noch jungen Unternehmen können die Unternehmenssubstanz sogar massiv gefährden. Außerdem kommt eine geringe Ausschüttungsquote dem Aktionär indirekt über ein erhöhtes Kurssteigerungspotenzial langfristig wieder zugute. Je höher nämlich die Eigenkapitalausstattung ist, desto besser sind die Chancen für ein weiteres Unternehmenswachstum und somit für entsprechende Kurssteigerungen.

... und Dividendenrendite

Außer für die Ausschüttungsquote interessiert sich der Aktionär auch dafür, in welchem Verhältnis die Höhe der Dividende zum aktuellen Aktienkurs steht. Das Maß dafür ist die *Dividendenrendite:*

$$\text{Dividendenrendite in \%} = \frac{\text{ausgeschüttete Dividende pro Aktie}}{\text{Aktienkurs}} \times 100$$

Meistens wird die Dividendenrendite unter Einbeziehung des Körperschaftsteuerguthabens errechnet. Die Aktiengesellschaft, im Amtsdeutsch als *Körperschaft* bezeichnet, hat ihre erzielten Gewinne nämlich bereits versteuern müssen, bevor sie einen Teil davon als Dividende ausschütten konnte. Die Steuer, die die AG hat zahlen müssen, heißt *Körperschaftssteuer*. Wenn Anleger nun ihre Dividendeneinkünfte als Ertrag versteuern müssen, hätte das letztlich zur Folge, dass derselbe Gewinn zweimal versteuert würde. Dies auszugleichen ist Zweck der zusammen mit der Dividende gewährten *Körperschaftssteuergutschrift.* Sie vermindert die Steuerlast um den Betrag, der bereits von der Gesellschaft abgeführt werden musste. Die Körperschaftssteuergutschrift erhalten nur inländische Anleger.

Berechnung der Dividendenrendite

Bezieht man die Steuergutschrift in die Berechnung der Dividendenrendite ein, so ergibt sich:

$$\text{Bruttodividendenrendite in \%} = \frac{\text{ausgeschüttete Dividende pro Aktie} + \text{Körperschaftssteuerguthaben}}{\text{Aktienkurs}} \times 100$$

Beispiel:

Die Muster AG zahlt eine Dividende von 12 €. Die Körperschaftssteuergutschrift pro Aktie beträgt 5,50 €. Der aktuelle Aktienkurs liegt bei 220 DM. Es errechnet sich eine Bruttodividendenrendite von

$$\frac{12\ € + 5,50\ €}{220\ €} \times 100 = 7,95\ \%$$

Unter Berücksichtigung der Körperschaftssteuergutschrift kommt es durchaus vor, dass die Renditen einzelner Aktien die Renditen festverzinslicher Anlagen im gleichen Zeitraum übertreffen. Dies ist ein Zeichen dafür, dass die Höhe des Aktienkurses fundamental gut abgesichert ist.

Aktien haben zwei Ertragsquellen. Einerseits die *Dividende,* andererseits die Gewinne, die sich aus *Kurssteigerungen* ergeben. Die Dividendenrendite berücksichtigt die Kursveränderung seit Kauf der Aktie jedoch nicht. Soll neben der Dividende auch die Kursentwicklung einbezogen werden, gelangt man zur Berechnung des *Total Return.* Diese Kennzahl ist definiert als Summe von Dividende und Kursveränderung dividiert durch den Kurs, zu dem die Aktie erworben wurde:

Total Return = Dividende plus Kursgewinn

$$\text{Total Return} = \frac{\text{Dividende} + \text{Körperschaftssteuerguthaben} + \text{Kursgewinn}}{\text{Kurs, zu dem die Aktie gekauft wurde}}$$

Berechnung des Total Return

Ist der Aktienkurs innerhalb des betrachteten Zeitraums gefallen, so ergibt sich:

$$\text{Total Return} = \frac{\text{Dividende} + \text{Körperschaftssteuerguthaben} ./. \text{Kursverlust}}{\text{Kurs, zu dem die Aktie gekauft wurde}}$$

Die unterschiedliche steuerliche Behandlung von Dividenden und Kursgewinnen führt bei der Interpretation des *Total Return* für Anleger mit verschiedenem Steuersatz zu unterschiedlichen Ergebnissen. Anleger mit hohem Steuersatz bevorzugen Aktien mit hohen Kursgewinnen (diese können nach Ablauf der gesetzlichen Spekulationsfrist steuerfrei vereinnahmt werden) und geringen Dividendenausschüttungen gegenüber anderen mit gleich hohem *Total Return,* aber höherer Dividende.

Auf die Mischung kommt es an – Diversifikation im Depot

Setzt ein Anleger sein gesamtes Kapital für den Kauf einer einzigen Aktiengattung ein, so ist er der Kursentwicklung dieses Wertes buchstäblich auf Gedeih und Verderb ausgeliefert. Er geht also ein enormes Risiko ein.

Risikobegrenzung durch Diversifikation

Um Risiken zu begrenzen, empfiehlt es sich, das Kapital so weit wie möglich zu streuen, und zwar in Aktien, deren Risikokomponenten einander kompensieren. Der Fachmann spricht von *Diversifikation*.

Ein stark vereinfachtes Beispiel:
Die Wirkungsweise der Diversifikation kann man sich gut anhand der Aktien von *VW, Continental* und *Salamander* vor Augen führen.
VW ist als Autohersteller einigen spezifischen Risiken ausgesetzt. Beispielsweise könnte ein sprunghafter Anstieg der Ölpreise zu einem Einbruch im Automobilabsatz führen. Die Gewinnerwartung der VW-Aktie würde sinken, der Kurs fiele.
Continental als Zulieferer der Automobilindustrie (Reifen) würde von der Absatzkrise des Automarktes automatisch miterfasst. Eine Streuung des Aktienkapitals auf VW und Continental hätte also keinen risikomindernden Effekt.
Nun wäre es denkbar, dass der Anstieg der Ölpreise dazu führt, dass wieder mehr zu Fuß gegangen wird. Die Nachfrage nach neuen Schuhen würde also steigen. Ein Grund, positive Gewinnerwartungen für die Salamander-Aktie anzunehmen. Eine Streuung des eingesetzten Kapitals auf VW und Salamander bzw. auf Continental und Salamander könnte also als echte Diversifikation des Depots gesehen werden, da die spezifischen Risiken dieser Aktien einander entgegengesetzt sind.

Grundsätzlich lässt sich feststellen, dass eine Diversifikation umso wichtiger wird, je kleiner die gehaltenen Aktiengesellschaften sind. Kleinere Gesellschaften sind nämlich eher monostrukturell aufgebaut, das heißt nur in einem sehr eng begrenzten Bereich tätig und damit sehr krisenanfällig. Große Konzerne dagegen sind in sich schon derart diversifiziert, dass die Vielzahl der einzelnen Geschäftsbereiche bereits für eine Risikostreuung sorgt. Denken wir zum Beispiel an *Siemens:* Während vielleicht der Bereich Solarenergie nicht zufrieden stellend läuft, mag es hingegen in den Bereichen EDV oder Hausgeräte positive Zahlen geben. Rein rechnerisch betrachtet, erreicht man mit einer Diversifikation unter vier kleineren Gesellschaften aus verschiedenen Branchen schon eine mit der Verteilung des Kapitals auf vier beliebige DAX-Werte vergleichbare Risikostreuung.

TIPP Grundsätzlich gilt: Je breiter die Streuung auf verschiedene Aktiengattungen aus den unterschiedlichsten Branchen vorgenommen wird, desto besser lässt sich das Risiko einzelner Werte von vornherein „abfedern".

Aktienfonds – die gemanagte Streuung

Die meisten privaten Guthaben werden kaum ausreichen, um eine optimale Diversifikation innerhalb eines Wertpapierdepots herstellen zu können. Um wirklich einen Aktienbestand zu halten, der in seiner Zusammensetzung einen repräsentativen Querschnitt des deutschen Marktes darstellt, bedarf es schon eines enormen Kapitals. Außerdem würde das Halten zahlreicher kleiner Positionen im Depot zu unverhältnismäßig hohen Spesen führen.

Als Lösung dieses Problems bieten sich Anteile an *Investmentfonds* an. Bei diesen Fonds tun viele Anleger ihr Geld in einen gemeinsamen Topf und überlassen die Anlage professionellen Verwaltern, so genannten *Fondsmanagern.* Investmentfonds sind meist Tochterunternehmen einer oder mehrerer Banken oder eng mit diesen verflochten. Sie nutzen deren Filialnetze als Vertriebsweg und profitieren von den dort erstellten Marktanalysen.

Investmentfonds

Investmentfonds haben stets einen oder mehrere Anlageschwerpunkte. Unter der Vielzahl angebotener Aktienfonds gibt es

Fonds mit Anlageschwerpunkt

- *nationale* (Investition in deutsche Aktien)
- *europäische* (Investition in europäische Titel) und
- *internationale* (Investition weltweit).

Häufig sind Branchenspezialisierungen (zum Beispiel *Technologiefonds)* sowie regional spezialisierte Fonds (so genannte *Tigerfonds* investieren beispielsweise in den ostasiatischen Ländern, die als *Tigerstaaten* bezeichnet werden).

Spezialfonds Weitere Spezialfonds setzen ihren Schwerpunkt gezielt in der Wagnisfinanzierung junger aussichtsreicher Wachstumsbranchen und Unternehmen *(Venturefonds)*.

Eine andere Gruppe von Fonds investiert ihr Kapital gezielt in Terminkontrakte (Kauf und Verkauf von Optionen und Futures; oft als *Futurefonds* bezeichnet).

Auch gibt es Fonds, die ihre Kapitalinvestitionen stets analog zur Zusammensetzung eines Aktienindexes vornehmen. Das bedeutet, dass ein Fonds beispielsweise sein Kapital so investiert, dass alle im DAX enthaltenen Werte proportional zu ihrer Gewichtung im Index gekauft werden.

Vor- und Nachteile von Investmentfonds Investmentfonds haben für den Anleger zwei große *Vorteile:*

■ Einerseits muss man die Kapitalanlage nicht überwachen und managen, was oft mit erheblichem Zeit- und Informationsaufwand verbunden wäre.

■ Andererseits hat man durch die Menge des im Fonds gesammelten Guthabens die Möglichkeit, eine optimale Streuung und somit eine totale Diversifikation vorzunehmen. Diese Form der Risikostreuung kommt einem bereits beim Kauf nur eines Anteils voll zugute.

Es gibt aber auch *Nachteile:*

■ Die professionelle Verwaltung, das Management des Fonds also, verursacht hohe Personalkosten. Dies schlägt sich natürlich in einer Minderung der jährlichen Ausschüttung nieder.

■ Hinzu kommen bei vielen Fonds noch Kosten, die aus dem Vertriebssystem resultieren. Oft wird nämlich nicht nur über Bankfilialen verkauft, sondern zusätzlich über Bausparkassen, Vermögensberater, Finanzmakler, ja oft sogar über regelrechte Allfinanz-Drückerkolonnen. Das führt zwar zu höheren Kapitalzuflüssen, aber es werden auf diesen Vertriebswegen auch erhebliche Provisionszahlungen fällig, die wiederum den Ertrag schmälern.

■ Zwischen Ausgabe- und Rücknahmekurs von Fondsanteilen liegen oft derart hohe Spannen, dass die Erträge des ersten Jahres vielfach gerade einmal ausreichen, um diesen so genannten *Spread* zwischen Geld- und Briefpreis zu verdienen.

■ Außerdem handelt es sich bei den Ausgabe- und Rücknahmekursen nicht allein um frei ausgehandelte Börsenkurse, sondern um Preise, die zwar die Gesetze von Angebot und Nachfrage nicht außer Acht lassen können, die aber dem Fondsmanagement immer noch einen erheblichen Spielraum zur „strategischen Einflussnahme" erlauben. So werden zum Beispiel Sonderkonditionen zum Kauf neuer Anteile bei der Wiederanlage von Erträgen gewährt. Eine Art von Rabattpolitik, wie sie bei der Kursfeststellung im Börsenhandel unmöglich wäre.

■ Ferner ist die Überwachung der Tätigkeit des Fondsmanagements nicht in einer der Aktienanlage vergleichbaren Weise möglich. Zwar sind auch Fondsgesellschaften zur Rechenschaftslegung verpflichtet. Eine Hauptversammlung mit entsprechendem Auskunftsrecht der Anteilseigner existiert jedoch nicht.

Das hat die Bank davon

Aus Sicht der Banken sind Investmentfonds eine erstrebenswerte Einrichtung. Einerseits, weil sie ihnen die Möglichkeit geben, das anlagebereite Vermögen vieler Kunden indirekt einer Art „Sammelvermögensverwaltung" zuzuführen. Andererseits, weil der Wegfall der individuellen Beratung des einzelnen Kunden Zeit und somit Personalkosten einspart. Bankinterne Studien besagen, dass die Rentabilität eines Kunden mit individuell geführtem Wertpapierdepot erst ab einem Gesamtguthaben von etwa 100.000 € gegeben ist. Wundern Sie sich also nicht, wenn man Ihnen die Vorzüge von Fonds in höchsten Tönen anpreist. Und scheuen Sie sich nicht, Ihre Interessen konsequent zu vertreten. Schließlich sollen Sie Ihr Geld so anlegen, wie es Ihren Vorstellungen entspricht.

Investmentfonds: für wen geeignet?

TIPP Investmentfondsanteile sind für Anleger besonders geeignet, die sich um die Auswahl und die Zusammensetzung des Depots nicht selbst kümmern können oder möchten und dies lieber von Profis erledigen lassen. Sie machen nur bei langfristigen Anlagen Sinn, da die hohen Spannen zwischen Ausgabe- und Rücknahmepreis bei kurzfristigen Engagements die Rendite völlig auffressen.

Ist diese Anlageform für Sie interessant, dann informieren Sie sich genau über die Anlageschwerpunkte einzelner Fonds und über deren Risikostruktur. Der Vergleich zwischen Banken lohnt hier, da vor allem Großbanken an bestimmte Fonds gebunden sind, Ihnen also nie die volle Palette aller möglichen Alternativen offeriert werden. Anders als bei Aktien, die Sie alle über jede Bank kaufen können, werden Ihnen bestimmte Fondsanteile nur von bestimmten Banken angeboten.

Über eines muss man sich jedoch stets klar sein: Aktienfonds sind zwar aufgrund ihres hohen Diversifikationsgrades in der Lage, vor den spezifischen Risiken einzelner Aktien zu schützen. Geht aber der Gesamtsektor, in dem ein Fonds investiert ist, „auf Talfahrt", so werden die einzelnen Fondsanteile unweigerlich entsprechende Werteinbußen erleiden. Hinzu kommen bei international investierten Fonds noch Risiken aus eventuellen Währungskurs-Veränderungen, die unabhängig vom Kursverlauf der Aktien den Anteilswert mindern können.

Orderstrategien

Kauf- oder Verkaufsorder

Sie haben den Aktienmarkt eine Weile genau beobachtet, Analysen vorgenommen, zusätzliche Stellungnahmen – zum Beispiel Ihres Wertpapierberaters – eingeholt und nun den Entschluss gefasst, bestimmte Papiere zu kaufen oder zu verkaufen. Um Ihre Entscheidung in die Tat umzusetzen, geben Sie Ihrer Depotbank eine *Kauf- oder Verkaufsorder*. Die Order kann schriftlich, bei einer gut eingespielten Geschäftsbeziehung auch telefonisch gegeben werden. Um Missbrauch zu vermeiden, können Sie mit Ihrer Bank ein *Kennwort* vereinbaren, ohne dass Ihre Orders telefonisch nicht rechtsverbindlich entgegengenommen werden dürfen.

Was die Order enthalten sollte

Die erste erforderliche Angabe ist die, ob es sich um einen *Kauf* oder *Verkauf* handeln soll. Anschließend ist die *Aktiengattung* anzugeben. Um sicherzugehen, dass auch wirklich die richtigen Papiere ge- oder verkauft werden, ist es gut, die sechsstellige *Wertpapierkennnummer* – sofern sie Ihnen bekannt ist – zu nennen. Sonst kann es durch ein Rauschen in der Telefonleitung womöglich mal passieren, dass statt der gewünschten *Viag-* unverhofft Ihre *Fiat*-Aktien verkauft werden. Neben diesen Angaben müssen Sie dann außerdem noch die gewünschte *Stückzahl* nennen.

Limitierte Aufträge

Geben Sie die Order *unlimitiert,* so werden Käufe *billigst,* Verkäufe *bestens* ausgeführt. Die Bank kauft oder verkauft dann zum ersten erreichbaren Kurs, unabhängig davon, wie dieser ausfällt. Um sicherzugehen, dass bestimmte Kurse nicht über- oder unterschritten werden, können Sie Ihren Auftrag *limitieren.* Er wird dann nur ausgeführt, wenn ein Kaufkurs das gesetzte Limit nicht über-, ein Verkaufskurs das Limit nicht unterschreitet. Für diesen Service berechnen manche Depotbanken eine geringe *Limitgebühr.* Ist man relativ fest entschlossen, Aktien kaufen oder verkaufen zu wollen, so wird man großzügige Limits setzen. Ansonsten wird man eng limitieren, damit die eigene Order die Kursbildung nicht ungünstig beeinflusst.

Die Limitierung kann man auch als taktisches Instrument bei der längerfristigen Anlage einsetzen. Kauflimits für interessante Aktien platziert man dann auf einem günstigen Niveau. Sinkt der Kurs einmal bis dort, so wird automatisch gekauft, ohne dass man die Entwicklung täglich selbst überwachen muss. Analog kann eine Verkaufsorder auf einer hohen Basis limitiert werden. Steigt der Kurs tatsächlich so weit, so erfolgt der Verkauf ohne Zutun.

Zum Schluss wird die *Gültigkeitsdauer* des Auftrags festgehalten. Eine gebräuchliche Frist ist die Dauer *bis Ultimo*. Das bedeutet, dass die Order bis zum Monatsende gültig ist. Auf Wunsch lässt sich jedoch auch eine *Tagesgültigkeit* vereinbaren. Die Bank wird den Auftrag auszuführen versuchen, sofern das gesetzte Limit dies zulässt. Ist eine Ausführung auch am letzten Tag der gesetzten Frist nicht möglich, so verfällt die Order und kann erneuert werden. An vielen Börsen ist heute auch für kleine Ordervolumina (geringe Aktienstückzahl) die Teilnahme am variablen Handel möglich. *Gültigkeitsdauer des Auftrags*

Ein Kauf oder Verkauf im variablen Handel bietet einige Vorteile:

- Während Kassaorders der Bank bis zum Beginn der Börsenzeit vorliegen müssen, kann man bei Orders für den variablen Handel zunächst einmal die Eröffnungskurse abwarten, bevor man seinen Auftrag gibt.
- Außerdem ist die Wahrscheinlichkeit, dass die gesetzten Limits getroffen werden, im variablen Handel weit höher, da fortlaufend neue Notierungen zu Stande kommen. Zwischen den Kassakursen zweier Börsentage können die variablen Notierungen oft deutlich nach oben oder unten ausschlagen.

Ein besonderes strategisches Instrument der Anlageplanung sind so genannte *Stop-Loss-* und *Stop-Buy-Orders*. Diese Orders sind nur für die 30 im *DAX* enthaltenen Aktien zulässig. Das Auftragsvolumen muss dabei auf einen Mindestschluss (Mindeststückzahl) oder ein Vielfaches davon lauten. *Stop-Loss- und Stop-Buy-Orders*

Stop-Loss-Orders

Stop-Loss und ...

Bei *Stop-Loss-Orders* möchte der Anleger sich gegen einen *Kurssturz* absichern. Dazu gibt er ein Limit, das deutlich unter dem momentanen Kursniveau liegt. Sollte dieses Limit bei einem starken Kursrückgang erreicht oder unterschritten werden, so werden die entsprechenden Aktien sofort bestens verkauft. Auf diese Weise sollen Verluste bei plötzlichem rapiden Kursverfall begrenzt werden.

Stop-Buy-Orders

... Stop-Buy:

Bei *Stop-Buy-Orders* möchte der Anleger eine bestimmte Anzahl von Aktien kaufen, sobald der Kurs auf ein gewisses Niveau anzieht. Er gibt ein Limit, das über der momentanen Kursbasis liegt. Erreicht oder überspringt der Kurs dieses Niveau, so werden die Aktien umgehend billigst gekauft. Der Sinn ist, an einer plötzlich einsetzenden *Aufwärtsbewegung* zu partizipieren. Es soll vermieden werden, bei einem starken Aufwärtstrend den Einstieg zu verpassen.

... Strategie und Risiken

Mithilfe dieser beiden Techniken kann sich der Anleger gegen plötzliche *Turn-Around-Situationen* (Tendenzwenden) absichern, ohne eine ständige Kursbeobachtung vornehmen zu müssen. Stop-Orders bergen jedoch das Risiko, dass rapide Marktbewegungen, bei denen die gesetzten Limits über- oder unterschritten werden, oft mit starken Kursausschlägen verbunden sind. Der automatische Stop-Loss-Verkauf wird dann im ungünstigen Fall zu einem deutlich niedrigeren Kurs ausgeführt. Ebenso kann der Stop-Buy-Kauf zu einem überhöhten Kurs erfolgen.

Das Problem des engen Marktes

Die *Marktbreite* einer Aktie ist normalerweise vom Grundkapital der jeweiligen Gesellschaft abhängig. In der Regel darf man davon ausgehen, dass Aktien einer großen Gesellschaft einen regen Handel aufweisen, sodass es zu täglichen bezahlten Notierungen ohne auffällige Kurssprünge kommt.

Eine hohe Anzahl ausgegebener Aktien ist aber noch kein Grund dafür, dass auch täglich hohe Umsätze in dieser Aktie zu verzeichnen sind. Entscheidend ist der Anteil des frei zirkulierenden *Streubesitzes*. In der angelsächsischen Literatur findet man dafür auch die Bezeichnung *free floating capital.* Die Aktien vieler Gesellschaften befinden sich nämlich zu großen Teilen in *Festbesitz.* Es trägt jedoch nur der Anteil des Aktienkapitals zur täglichen Kursbildung bei, der auch tatsächlich im freien Handel zirkuliert. Bei kleineren Unternehmen, die erst seit wenigen Jahren an der Börse notiert werden, ergibt sich ein hoher Festbesitzanteil oft schon daraus, dass sich wesentliche Teile des Grundkapitals noch in Händen der Gründerfamilie befinden oder dass andere Unternehmen aus geschäftspolitischen Gründen Beteiligungen halten. Aber auch bei großen Unternehmen kann es vorkommen, dass ein erheblicher Teil des Aktienkapitals in Festbesitz ist. So waren zum Beispiel bis zum Ende der 80er-Jahre 93 Prozent der Stammaktien der *Deutschen Lufthansa* in festen Händen. Nur die verbleibenden 7 Prozent wurden im Börsenhandel mehr oder minder stark umgesetzt.

In einem solchen Fall spricht man von einem *engen Markt* für die entsprechende Aktie. Die oft sprunghaften Kursbewegungen verleiten zu der irreführenden Annahme, alle Papiere dieses Unternehmens hätten eine erhebliche Kursveränderung erlebt. Hätten sie sich jedoch wirklich alle in Streubesitz befunden, so wäre es aufgrund der erheblich größeren Marktbreite nie zu derartig hohen Kursausschlägen gekommen. Bei marktengen Werten kann schon ein geringes Ordervolumen die Kurse nachhaltig beeinflussen. Außerdem ist die Gefahr der Kursmanipulation weit höher als bei Aktien mit breitem Markt.

Marktenge Werte

Manche Kurszettel bieten als besonderen Service zu jeder Aktie eine geschätzte Angabe darüber, wie viel Prozent des Grundkapitals sich in Streubesitz befinden.

TIPP Besonders wenn Sie sich für kleinere Gesellschaften oder gar für Exoten interessieren, sollten Sie sich darüber informieren, welcher Anteil des Grundkapitals sich in Streubesitz befindet und somit tatsächlich an der Kursbildung teilnimmt. Möchten Sie marktenge Werte kaufen oder verkaufen, so sollten Sie Ihre Order niemals *billigst* oder *bestens,* sondern stets *limitiert* abgeben. So vermeiden Sie, dass Ihr eigener Auftrag aufgrund des engen Marktes eine Kursbewegung zu Ihren Ungunsten verursacht.

Limitierte Order bei marktengen Werten

Auslandsaktien

Kauf und Verkauf ausländischer Aktien

Der Kauf und Verkauf ausländischer Aktien kann genauso unproblematisch über die bestehende Bankverbindung abgewickelt werden wie bei deutschen Werten. Die Aktien werden im bestehenden Wertpapierdepot verbucht. Eine zusätzliche ausländische Bankverbindung oder ein ausländisches Depot braucht der Anleger dafür nicht einzurichten. Der ausmachende Betrag wird auf der Basis des aktuellen Wechselkurses umgerechnet und auf dem €-Konto belastet oder gutgeschrieben.

Risikofaktor Wechselkurs

Nicht unterschätzen allerdings sollte man bei ausländischen Aktien das Hinzukommen des *Wechselkursrisikos*. Was nützt beispielsweise der schönste Kursgewinn am amerikanischen Markt, wenn gleichzeitig der US-Dollar in ungeahnte Tiefen fällt, wie wir es im Frühjahr 1995 erlebten?

Transaktionskosten

Bedenken muss man auch, dass beim Kauf und Verkauf an ausländischen Börsen zusätzliche Kosten entstehen, falls Dienste einer ortsansässigen *Korrespondenzbank* in Anspruch genommen werden müssen. Die entstehenden Mehrkosten können pro Transaktion durchaus 3 Prozent vom Kurswert ausmachen. Zählt man alle Transaktionskosten für Kauf und Verkauf zusammen, so kommt man oft zu dem Ergebnis, dass eine Auslandsaktie um rund 10 Prozent im Kurs steigen muss, damit die Gewinnzone erreicht wird.

Auslandsaktien an deutschen Börsen

Deshalb sollte man prüfen, ob es möglich ist, auf eine Auslandsaktie auszuweichen, die an einer deutschen Börse notiert wird. Ein breites Spektrum ausländischer Aktien steht im innerdeutschen Handel auf der Basis von €-Notierungen zur Verfügung. Auf diese Weise lassen sich Transaktionskosten sparen. Man darf nicht vergessen, dass man dem Währungsrisiko trotzdem ausgesetzt bleibt, da dies sich in den €-Kursnotierungen ebenso niederschlägt.

Die Bewertung ausländischer Aktien erfolgt nach denselben Kriterien wie bei einheimischen Werten. Auch hier gibt es tendenziell *konservative* oder *spekulative* Papiere. Dies ist primär von der Unternehmenspolitik abhängig, weniger vom Land. Es sei denn, politische Instabilität in der jeweiligen Region führt zu wirtschaftlicher Unsicherheit. Das kann der Fall sein bei Änderungen der Wirtschaftsordnung, Krisensituationen, die Handelsembargos auslösen können, Revolutionen, Kriegen, galoppierender Inflation oder Naturkatastrophen. Schon Wahlkämpfe und Wahlergebnisse können zu wirtschaftlicher Instabilität führen.

Wie entsteht ein Börsencrash?

Jeder Anleger, der sich dafür entscheidet, einen Teil seiner Ersparnisse in Aktien anzulegen, befürchtet vor allem eines: einen drastischen Kurssturz, bei dem die Notierungen innerhalb kurzer Zeit derart fallen, dass große Teile des eingesetzten Geldes buchstäblich über Nacht verloren sind.

Derartige Ereignisse haben dem Ruf der Aktienanlage immer wieder schweren Schaden zugefügt. Über Jahrzehnte hinweg blieb der so genannte *Schwarze Montag,* der die *Weltwirtschaftskrise* einläutete, in Erinnerung und belastete das gesamte Börsenwesen mit dem Image hoch riskanten Spekulantentums. Der Börsenkrach vom Oktober 1987 und der zweite Rückschlag im Oktober 1989 haben das Vertrauen in die Aktie erneut tief erschüttert. Auch der „schleichende Crash" vom Herbst 1998, bei dem die Aktienkurse innerhalb mehrerer Wochen rund 40 Prozent einbüßten, ist noch gut in Erinnerung. Wie entsteht nun eigentlich eine derartige Krisensituation? *Historische Börsencrashs*

Hauptproblem ist sicher das Phänomen der „psychologischen Ansteckungsgefahr". Das bedeutet, dass in Zeiten allgemeiner Unsicherheit die Verkaufsentscheidungen anderer als Anstoß für die eigenen Dispositionen verstanden werden. Es kommt zu Panikverkäufen. Überreaktionen führen zu Kursverlusten, die allein durch fundamentale Daten nicht mehr zu erklären sind. In Boomphasen können bereits unerhebliche Nachrichten zur politischen und wirtschaftlichen Lage die Stimmung derart beeinflussen, dass entsprechende Abläufe ausgelöst werden. *Psychologische Faktoren*

Die Gefahr psychologischer Ansteckungsphänomene und dadurch ausgelöster Kettenreationen ist seit Jahrzehnten bekannt. Ihr ist, da sie in der menschlichen Natur begründet liegt, durch Abwehrmechanismen kaum zu begegnen. Um wie viel gefährlicher derartige Szenarien jedoch durch moderne Handelstechniken, insbesondere durch den massiven EDV-Einsatz, geworden sind, hat die Ex-post-Analyse des 87er Crashs gezeigt.

In den 80er-Jahren ist man dazu übergegangen, nicht nur die Abwicklung von Börsengeschäften, sondern auch die Entscheidung über Käufe und Verkäufe mithilfe spezieller Computerprogramme vorzunehmen. Die EDV errechnet zum Beispiel die optimalen Kauf- und Verkaufslimits. Bestimmte Kurse oder Indexstände werden dabei als Aktionsparameter vorgegeben. Typisches Merkmal solcher Programmierungen sind so genannte *Stop-Loss-Vorgaben.* Wird ein

Indexniveau unterschritten, das als Untergrenze gespeichert worden ist, so löst die EDV sofortige Verkaufsaufträge zur Verlustbegrenzung aus. Derartige Vorgaben befinden sich in ähnlicher Form in der Software der meisten institutionellen Investoren.

Der Crash 1987 und seine Ursachen

Um die Mechanismen zu untersuchen, die 1987 zum Crash geführt hatten, wurde in den Vereinigten Staaten die so genannte *Brady-Kommission* eingesetzt, die im Auftrag Präsident *Reagans* einen Bericht erstellte. Dabei ergab sich, dass nicht etwa Panikverkäufe vieler kleiner Marktteilnehmer, sondern die computergesteuerten Großverkaufsorders weniger Institutioneller ausschlaggebend gewesen waren. Verhängnisvoll wirkte sich dabei vor allem die enorme Geschwindigkeit aus, in der die EDV-Systeme riesige Volumina an Verkaufsorders abwickelten. Dem Markt fehlte die Ruhepause, um sich wieder einzupegeln, und für menschliches Eingreifen blieb nicht genug Zeit. An einem einzigen Tag wurden 600.000 Orders mit einem Volumen von mehr als 600 Millionen Aktien abgewickelt. Diese Entwicklung wird als „Computer-Panik" Eingang in die Wirtschaftsgeschichte finden.

Noch ist unklar, ob man aus diesen Vorgängen genug hat lernen können, um in Zukunft das Risiko ähnlicher Szenarien weitgehend zu minimieren. Außerdem sind die Einwirkungen der Terminmarktmechanismen in solchen Krisensituationen noch nicht ausreichend erforscht. Einstweilen behilft man sich beispielsweise mit koordinierten Handelsunterbrechungen, um an den Märkten Ruhepausen zur Stabilisierung zu schaffen.

Keine Panikverkäufe in Crashsituationen!

TIPP Werden Sie mit Ihren Aktienbeständen von einer Crashsituation erwischt, so mag der momentane Kursrückgang erschreckend sein. Bei genauerer Betrachtung handelt es sich dabei jedoch in der Regel um ein massenpsychologisches Ansteckungsphänomen, wodurch Überreaktionen hervorgerufen werden, die auf der Basis fundamentaler Daten in dieser Stärke nicht begründbar sind. Es ist daher wahrscheinlich, dass sich die Kurse nach einer kurzen Konsolidierungsphase innerhalb weniger Monate erholen. Es empfiehlt sich – so schwer das im Moment auch fallen mag –, kühlen Kopf zu bewahren, auf Panikverkäufe zu verzichten und eventuell vorhandene Barreserven für günstige Zukäufe auf der stark erniedrigten Kursbasis zu verwenden. Die Zeit arbeitet für Sie.

Aktienindizes – die Barometer der Börse

Entstehung, Arten und Aussagegehalt von Indizes

Als Pionier der Aktienkursindizierung gilt *Charles Henry Dow*. Im Jahre 1882 gründete er im Alter von 31 Jahren zusammen mit zwei Partnern in New York eine Wirtschaftsnachrichtenagentur. *Dow Jones & Company* verfasste für einen festen Kundenkreis, überwiegend Brokerhäuser an der Wall Street, täglich so genannte *Bulletins*, Kurzmitteilungen über wirtschaftliche Neuigkeiten.
Ab 1883 erschien der *Customer's Afternoon Letter*, eine Zeitung, aus der sich später das *Wall Street Journal* entwickelte.
Im Juli 1884 hatte *Dow* die Idee, seinen Lesern die Börsentendenz in Form einer einfachen Kennzahl zu präsentieren. So sollte jeder den Markt – ähnlich wie bei einem Barometer – mit einem Blick „im Griff" haben können.
Etwa 35 Aktien wiesen damals einen regelmäßigen Handel mit täglichen bezahlten Kursen auf. *Dow* wählte die elf bedeutendsten Gesellschaften aus und errechnete aus deren Kurse das *arithmetische Mittel*. Zehn der enthaltenen Werte waren Eisenbahnaktien, die den Kurszettel zu jener Zeit dominierten. So erhielt der Index den Namen *Railroad Average*. Später wurde die Anzahl der Werte auf 20 erhöht. Man trug in der Zusammensetzung der steigenden Bedeutung des Automobil- und Luftfahrtwesens Rechnung und nannte den Index fortan *Transportation Average*.
Der heute bekannteste und meistzitierte *Dow-Jones-Index* aber ist der *Dow Jones Industrial Average*. Geht es in der Berichterstattung nur um den *Dow Jones,* so meint man damit diesen Index der Industriewerte, der sich zum weltweit populärsten Aktienindex entwickelt hat. Er lässt sich bis 1896 zurückverfolgen, kann also auf eine 100-jährige kontinuierliche Berechnung zurückblicken.
In ihm sind 30 bedeutende amerikanische Industrieaktien enthalten. Die Berechnung erfolgt nach wie vor durch die Bildung des arithmetischen Mittels. Um die *Indexkontinuität,* die Vergleichbarkeit mit früheren Berechnungen also, nicht zu stören, wurde der

Zur Geschichte der Indizes

Der Dow-Jones-Index

Angabe in Punkten: das Indexniveau

Divisor mehrfach korrigiert, wenn sich durch Kapitalveränderungen oder den Austausch von Aktien an der Zusammensetzung etwas änderte.

Da der Index keine prozentualen Veränderungen der Kurse ausdrückt, wird eine Änderung des Indexniveaus korrekterweise nicht in Prozent oder Dollar, sondern in Punkten angegeben.

Angesichts der geringen Anzahl enthaltener Standardwerte, ist der *Dow Jones* vielfach angegriffen worden. Kritiker halten ihn in Phasen, in denen überwiegend in Nebenwerten spekuliert wird, für nicht repräsentativ. Auch die Berechnungsmethode wird häufig als statistisch unpräzise und veraltet bezeichnet. Gerade die einfache Zusammensetzung und die Nachvollziehbarkeit der Berechnung sind es aber maßgeblich, die ihn so populär gemacht haben.

Berechnungsmethoden

Die heute für Aktienindizes benutzten Berechnungsmethoden entstanden aus Formeln, die ursprünglich für Preisvergleiche täglicher Gebrauchsgüter verwandt wurden. Als „echte" Indizes gelten im streng mathematischen Sinn nur diejenigen, die *basiert* sind, die also den derzeitigen Stand in Relation zu einer Indexbasis (beispielsweise 1.1.1960 = 100 Punkte) angeben.

In Deutschland begann man bereits in den 20er-Jahren, Aktienindizes zu berechnen. Leider wurde die Kontinuität kriegs- und inflationsbedingt mehrfach unterbrochen. So lässt sich das heutige Kursniveau auf der Basis durchgehend verknüpfter Indexreihen nur bis zum Beginn der 50er-Jahre rückwirkend vergleichen.

Verschiedene Institutionen bieten Aktienindizes für den deutschen Markt an:

Anbieter von Indizes für den deutschen Markt

- Banken (zum Beispiel *Commerzbank-Index),*
- Zeitungen (zum Beispiel *F.A.Z.-Aktienindex),*
- Amtliche Stellen (zum Beispiel *Index der Aktienkurse des Statistischen Bundesamtes),*
- Finanzanalysegesellschaften (zum Beispiel *degab-Aktienkursindex),*
- Deutsche Börse AG (zum Beispiel *Deutscher Aktienindex DAX).*

Zur Berechnung finden überwiegend die Indexformeln von *Laspeyres* und *Paasche* Anwendung. Die Erfahrung hat gezeigt, dass die Akzeptanz und Popularität von Aktienindizes in keiner Weise von deren Konzeption oder rechnerischer Präzision abhängt. Zumal langfristige Vergleiche ergaben, dass eine höhere Komplexität der Berechnung in den seltensten Fällen die Aussagefähigkeit verbessert.

So hat sich bis Ende der 80er-Jahre keiner der deutschen Indizes eine „marktführende" Bedeutung erobern können. Erst dem DAX gelang es – aufgrund einiger wesentlicher Neuerungen – ab Beginn der 90er-Jahre als Kursinformationsmedium binnen kürzester Zeit zu dominieren.

Der DAX – Zusammensetzung und Berechnung

Der *Deutsche Aktienindex DAX,* der seit 1988 regelmäßig berechnet wird, ist der modernste und populärste Indikator des inländischen Aktienmarktes. Er wird von der *Deutsche Börse AG* in Frankfurt täglich ermittelt. Und das nicht nur einmal täglich, sondern auf der Basis der variablen Kursnotierungen minütlich. Auf diese Weise lassen sich nicht nur Veränderungen gegenüber dem Vortag erkennen. Man kann auch Tendenzen im Laufe des Handels mitverfolgen. Daher spricht man von einem so genannten *Laufindex.*

Der Deutsche Aktienindex DAX

Im DAX sind 30 Standardwerte des Kurszettels enthalten. Sie sind nach folgenden Kriterien ausgewählt worden:

30 Standardwerte des Kurszettels

- Inländische Gesellschaften von überregionaler Bedeutung
- mit hohem Grundkapital,
- mit großem Streubesitzanteil,
- aus Branchen mit hohem Repräsentationsgrad für die Gesamtwirtschaft,
- mit derart marktbreitem Handel, dass zufalls- oder manipulationsbedingte Kurssprünge ausgeschlossen werden können,
- mit regem Umsatz, das heißt, häufigen bezahlten Kursen im variablen Handel und frühen Eröffnungskursen.

Angesichts der Vielzahl gehandelter Aktien mag die Zahl von nur 30 Werten für einen Aktienindex gering erscheinen. Diese Werte gemeinsam repräsentieren aber immerhin etwa 60 Prozent des Gesamt-Börsenkapitals amtlich notierter deutscher Aktien. Und sie machen rund 80 Prozent des gesamten Umsatzes aus.

Jeder enthaltene Wert wird bei der Berechnung mit seinem Grundkapital *gewichtet.* Das bedeutet, die Kursänderung einer großen Gesellschaft beeinflusst den Index stärker als die einer kleinen. Die Berechnung erfolgt nach der Indexformel von *Laspeyres.* Doch diese mathematische Formel braucht der Anleger nicht zu kennen. Wichtig zu wissen hingegen ist, dass der DAX das momentane Kurs-

Berechnung des DAX

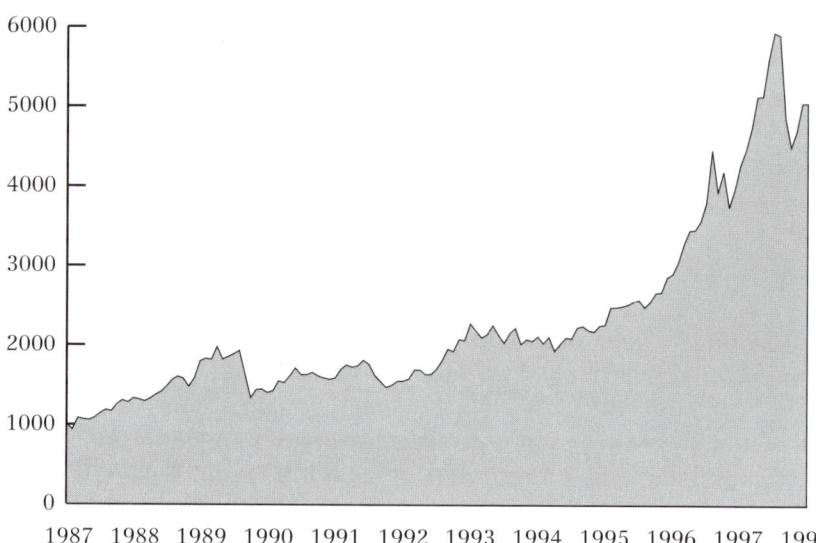

Der Verlauf des Deutschen Aktienindexes (DAX). Der DAX wird während der Börsenzeit minütlich aus den variablen Kursnotierungen von 30 deutschen Standardwerten errechnet.

Quelle: Deutsche Börse AG, Frankfurt a. M.

Berechnung des DAX

niveau in Bezug setzt zu den Kursen vom 31.12.1987. Dieses Datum bildet die so genannte *Indexbasis*. Das damalige Kursniveau wurde als 1.000 Punkte definiert. Jede DAX-Notierung ist als Stand der Kurse in Relation zu diesem Referenzzeitpunkt zu verstehen.

Ändert sich die Börsenkapitalisierung der enthaltenen Aktien, so wird dies durch entsprechende Korrekturfaktoren bei der Berechnung berücksichtigt, um die lückenlose Vergleichbarkeit sicher zu stellen. Erträge werden unter der Prämisse der sofortigen Wiederanlage behandelt. Deshalb spricht man von einem *Performance-Index*.

Von Zeit zu Zeit wird die Zusammensetzung der Werte auf ihren Repräsentationsgrad für die deutsche Wirtschaft hin überprüft. Bei Bedarf erfolgt eine Aktualisierung durch den Austausch einzelner Aktien. Anpassungsfaktoren stellen bei der Berechnung sicher, dass eine Verknüpfung, also eine durchgehende Vergleichbarkeit mit früheren Indexreihen, gegeben ist. So ist es auch möglich gewesen, die Euro-Umstellung durch einen Anpassungsfaktor so zu berücksichtigen, dass eine lückenlose Kontinuität, also eine rückwirkende Vergleichbarkeit der Indexreihe ohne „Sprung", gegeben ist.

Der 30 Werte umfassende DAX wird ergänzt durch den MDAX. Er umfaßt die 70 variabel gehandelten Aktien, die den 30 DAX-Werten in Bezug auf Marktkapitalisierung und Börsenumsatz folgen. Aus den Kursen der 30 DAX- und der 70 MDAX-Werte wird zusätzlich noch der DAX 100 berechnet.

Der MDAX

Der DAX 100

Der Dow-Jones-Euro-Stoxx-50

In *Euroland* steht der Anleger einem weit größeren Spektrum an Aktien gegenüber als bisher. Nun erweitert sich die Perspektive auf einen stark gewachsenen Kreis potenzieller Anlagemöglichkeiten, die in gleicher Währung zu gleichen *Transaktionskosten* erworben werden können. Damit ändern sich naturgemäß auch die Anforderungen an einen Aktienindex. Er soll diesen Markt auf einen Blick erschließen. Im Februar 1998 stellte die Deutsche Börse gemeinsam mit der Schweizer Börse, der französischen Börse und der amerikanischen Gesellschaft Dow Jones die Konzeption eines Euro-Aktienindexes vor, den Dow-Jones-Euro-Stoxx-50. Seine 50 Werte sollen das europäische Aktienklima abbilden. Nur die bedeutendsten DAX-Werte haben den „Sprung" in den Euro-Stoxx-50 geschafft. Darunter sind zum Beispiel: Allianz, Deutsche Telekom, Bayer, Deutsche Bank, Daimler-Chrysler, VEBA, Siemens, RWE, Mannesmann und Lufthansa. Während der DAX als so genannter Performance-Index konzipiert ist, also auf der Prämisse beruht, dass Dividenden zum Ausschüttungspunkt sofort in das jeweilige Wertpapier reinvestiert werden, sind die Stoxx-Indizes reine Kurs-Indizes. Sie orientieren sich nur am reinen Kursverlauf, ungeachtet der anfallenden Erträge.

Euro-Aktienindex: der Dow-Jones-Euro-Stoxx-50

Da insbesondere *institutionelle Investoren* vielfach dazu neigen, ihre Bestände Index-analog aufzubauen, ist damit zu rechnen, dass die künftigen Stoxx-50-Werte verstärkt nachgefragt werden. Die Marktakzeptanz des Indexes vorausgesetzt dürften die jeweiligen Kurse davon profitieren. Auch am Terminmarkt werden Optionen und Futures auf den Euro-Stoxx-50 gehandelt, so wie bislang schon auf den DAX.

Der Beta-Faktor

Wenn man den so genannten *Beta-Faktor* kennt, ist es möglich, gezielt Aktien auszuwählen, die in ihrer Dynamik bei Kursbewegungen stärkere bzw. schwächere Kursschwankungen durchlaufen als der Durchschnitt der im Aktienindex enthaltenen Werte.

Was der Beta-Faktor aussagt

Beta-Faktoren einzelner Aktien werden aus der Beobachtung vergangener Kursbewegungen mithilfe statistischer Verfahren gewonnen. Ein Beta-Wert von 1 ist definiert als ein dem Indexverlauf genau entsprechender Kursausschlag. Das heißt also:

■ Ein größerer Wert als 1 bedeutet, dass diese Aktie in der Vergangenheit Kursveränderungen zeigte, die intensiver waren als die jeweilige Indexbewegung.

■ Ein Beta kleiner als 1 bedeutet somit einen schwächeren Ausschlag als die Indexbewegung.

Auf dem deutschen Aktienmarkt sind die *volatilsten* Werte, also Aktien mit einer intensiven Kursbewegung und hohem Beta-Wert, unter den marktbreiten Standardwerten zu finden. Aktien mit kleinem Beta, *defensive* Werte also, die Kurssprünge eher gemäßigt vollziehen, sind die Nebenwerte in den Bereichen Versorgung und Ernährung.

Beta-Faktoren sind zeitlich veränderliche Größen, die aus Analysen bisheriger Kursverläufe ermittelt wurden. Deshalb müssen sie immer wieder aktualisiert werden.

Die erforderlichen Datenmengen und die Komplexität der statistischen Berechnung führen dazu, dass der einzelne Anleger derartige Werte kaum selbst berechnen wird. In Fachpublikationen und in Berichten der Analyseabteilungen der Banken findet man jedoch gelegentlich entsprechende Daten. Die Kenntnis von Beta-Faktoren kann Ihnen als Investor nützliche Hinweise geben, wenn Sie gezielt Aktien im Hinblick auf ihr Kursschwankungspotenzial auswählen möchten.

Was geschieht in „Ihrem" Unternehmen?

Geschäftsbericht und Zwischenbericht

Als Aktionär möchte man natürlich stets über die Lage „seines" Unternehmens auf dem Laufenden sein. Wichtigste Informationsquelle ist dabei der jährliche *Geschäftsbericht*. Er enthält die Bilanz, die Gewinn- und Verlustrechnung, den Lagebericht sowie ergänzende Informationen. Art und Umfang der Informationspflicht der Aktiengesellschaften sind im Handelsgesetzbuch geregelt. Viele Gesellschaften geben aber freiwillig weit mehr als die gesetzlich vorgeschriebenen Informationen. Diese Transparenz ist ein Zeichen moderner Öffentlichkeitsarbeit. So lässt sich aus den meisten Geschäftsberichten ein guter Einblick in die Unternehmenslage gewinnen.

Jährliche Bilanz: der Geschäftsbericht

Von Aktiengesellschaften, die im amtlichen Handel notiert werden, ist zusätzlich ein *Zwischenbericht* zu veröffentlichen, der zur Mitte des Geschäftsjahres die bisherige Entwicklung, die Lagebeurteilung sowie die Perspektiven für das zweite Halbjahr aufzeigt.

Zwischenbericht

Besonders der Geschäftsbericht richtet sich nicht nur an die Aktionäre, sondern auch an Geschäftspartner, Mitarbeiter und Wirtschaftsjournalisten. Daher sind hier auch Stellungnahmen zur wirtschaftlichen und politischen Lage, zur Entwicklung der Außenhandelsbeziehungen und zur Subventions- und Steuerpolitik zu finden.

Der *Lagebericht* schildert die Entwicklung des Geschäftsverlaufs nicht nur der jeweiligen Gesellschaft, sondern der gesamten Branche und nimmt auch Bezug auf die Verkettung mit verwandten Wirtschaftszweigen. So lassen sich hier oft auch Erkenntnisse über die Situation der Zulieferer, des Einzelhandels oder der Rohstofferzeuger gewinnen. Außerdem werden längerfristige Strategien, Neuentwicklungen, die Erschließung von Märkten und zukünftige Investitionsschwerpunkte behandelt.

Lagebericht

Man muss sich beim Studium von Geschäfts- oder Zwischenberichten stets darüber im Klaren sein, dass hier eine Schilderung aus Sicht der Geschäftsführung vorgenommen wird. Durch die Ausnutzung bilanzieller Gestaltungsspielräume kann hinsichtlich der veröffent-

Häufig "schöngefärbt": Geschäfts- und Zwischenberichte

lichten Zahlen die Situation günstiger oder ungünstiger dargestellt werden als sie in Wirklichkeit ist. So können zum Beispiel bei der Bewertung von Inventurbeständen, Immobilien und sonstigen Vermögensbeständen hohe stille Reserven gebildet werden, wenn die jeweils niedrigsten zulässigen Preise anstelle marktnaher Preise eingesetzt werden. Der gesetzlich vorgeschriebene Anhang gibt Auskunft über die bei der Bewertung der Aktiva und Passiva angewandten Methoden.

Auch Formulierungen zur Lage lassen, je nach Zielsetzung, manchmal subjektive Tendenzen erkennen. Sei es, um Erfolge zu betonen und somit neue Aktionäre zu gewinnen oder um die Situation schlechter darzustellen, damit man bei kommenden Tarifauseinandersetzungen geringere Zugeständnisse machen muss.

Geschäfts- und Zwischenberichte der Gesellschaften, deren Aktien sich in Ihrem Bestand befinden, werden Ihnen von Ihrer Depotbank zugeleitet.

Sie sind herzlich eingeladen – die Hauptversammlung

Einmal im Jahr lädt das Unternehmen seine Aktionäre zur *Hauptversammlung* ein. Zur Teilnahme ist jeder Aktionär berechtigt. Die Höhe des Aktienbesitzes spielt dabei keine Rolle.

Rechenschaftsbericht von Vorstand und Aufsichtsrat

Die Hauptversammlung findet in den ersten acht Monaten nach Ablauf des Geschäftsjahres statt. Vorstand und Aufsichtsrat berichten den Aktionären über den Geschäftsverlauf des vergangenen Jahres und geben Rechenschaft über ihre Tätigkeit. Aufgabe der Versammlung ist die Abstimmung über alle Punkte, die gesetzlich und satzungsmäßig gemeinsam beschlossen werden müssen. Das betrifft insbesondere die Verwendung des Bilanzgewinns, Kapitalerhöhungen, Satzungsänderungen und die Entlastung von Vorstand und Aufsichtsrat. Außerdem wird der Aufsichtsrat für die nächste Amtsperiode gewählt.

Wenn im Laufe des Geschäftsjahres wesentliche Entscheidungen getroffen werden sollen, die der Zustimmung der Aktionäre bedürfen, so kann zusätzlich zu *außerordentlichen Hauptversammlungen* eingeladen werden.

Die Einladung zur Hauptversammlung wird Ihnen von Ihrer Depotbank zugesandt, von der Sie auf Anforderung auch die entspre-

chende Eintrittskarte erhalten. Gleichzeitig werden Sie über die vor- *So läuft die Haupt-*
gesehene Tagesordnung unterrichtet. Außerdem leitet man Ihnen *versammlung*
etwaige Anträge und Wahlvorschläge anderer Aktionäre und entsprechende Stellungnahmen zu. Ihr Kreditinstitut wird Ihnen auch
Vorschläge für die Ausübung des Stimmrechts unterbreiten, damit
Sie wissen, wie Ihr Stimmrecht ausgeübt wird, falls Sie sich vertreten lassen und keine andere Weisung geben.

Jeder anwesende Anteilseigner hat auf der Hauptversammlung ein
Auskunftsrecht. Unabhängig von der Höhe Ihres Aktienbesitzes sind
Sie berechtigt, den Vorstand zu rechtlichen und geschäftspolitischen
Angelegenheiten zu befragen. Die Vorstandsmitglieder sind verpflichtet, Ihnen wahrheitsgemäß nach bestem Wissen Auskunft zu
geben. Bei Betriebsgeheimnissen darf die Auskunft allerdings ver-
weigert werden.

Außerdem haben Sie das Recht, sich zu Wort zu melden, um Ihre *Ihre Rechte*
Anliegen und Ihre Sicht der Dinge allen Mitaktionären vorzutragen. *als Aktionär*
Kosten, die durch die Teilnahme an Hauptversammlungen ent-
stehen, können steuerlich geltend gemacht werden. Dabei muss
allerdings der Grundsatz der Verhältnismäßigkeit gewahrt bleiben.
Wer stolzer Eigentümer von fünf Disney-Aktien ist, wird es schwer
haben, dem Finanzamt plausibel zu machen, dass die letztjährige
USA-Reise allein dem Besuch der Hauptversammlung galt. Und dass
es zur Erzielung von Kapitaleinkünften unbedingt erforderlich war
auch noch mal kurz in Disneyland vorbeizuschauen, um sich persönlich zu überzeugen, dass der Laden auch ordentlich geführt wird.
Die Rechte, die Sie als Aktionär einer ausländischen Gesellschaft bei
der Hauptversammlung haben, bestimmen sich nach dem Aktien-
recht des jeweiligen Staates, können also von den deutschen Gegebenheiten abweichen.

Stimmrecht und Stimmrechtsvollmacht

Als Aktionär sind Sie Miteigentümer und berechtigt, durch Ihre
Stimme auf der jährlichen Hauptversammlung die Unternehmensgeschicke mitzubestimmen.

Schon aus Zeitgründen ist es den meisten Anlegern jedoch kaum
möglich, die Hauptversammlungen aller von ihnen gehaltenen
Gesellschaften zu besuchen. Das Stimmrecht muss deshalb aber
nicht verfallen. Mitarbeiter der Banken besuchen regelmäßig alle
Hauptversammlungen und üben die Stimmrechte der in ihren Kun-

dendepots befindlichen Aktien aus. Dazu bedarf es einer Vollmacht, die der Depotinhaber seiner Bank schriftlich erteilt. Zur Vereinfachung lassen die Banken sich diese Vollmacht jeweils für alle im Depot gehaltenen Werte geben. Man spricht daher vom *Depotstimmrecht*. Da die gegebene Vollmacht nach längstens 15 Monaten erlischt, wird sie jährlich erneuert.

Depotstimmrecht

Möchten Sie trotz bereits gegebener Vollmacht einmal eine Hauptversammlung selbst besuchen und Ihr Stimmrecht ausüben, so ist dies nach einer entsprechenden Mitteilung an Ihre Depotbank jederzeit möglich.

Auch wenn Sie Vollmacht erteilt haben, muss Ihre Bank Ihnen die Geschäfts- und Zwischenberichte der Gesellschaften zuleiten. Außerdem ist sie verpflichtet, Ihnen mitzuteilen, wie sie zu den Tagesordnungspunkten der Hauptversammlung zu stimmen gedenkt, und muss gegebenenfalls abweichende Weisungen von Ihnen entgegennehmen, um in Ihrem Sinne stimmen zu können.

In der Mehrzahl aller Fälle empfehlen die Banken, im Sinne des Vorstandes oder des Aufsichtsrates zu stimmen, zumal sie durch ihre Vertreter in den Aufsichtsgremien in der Regel schon hinreichenden Einfluss auf die entsprechenden Vorschläge genommen haben.

Bessere Repräsentanz durch Zusammenschluss in Interessenverbänden

In den letzten Jahren zeigt sich eine zunehmende Tendenz vieler Kleinanleger, sich in Interessenverbänden zusammenzuschließen, um sich durch eigene Vertreter auf Hauptversammlungen wirkungsvoller repräsentieren zu lassen. Auch derartigen Vereinigungen können Sie Depotstimmrechts-Vollmacht geben, wenn Sie überzeugt sind, auf diese Weise Ihre Interessen besser vertreten zu sehen als durch Ihre Hausbank.

Die Schlacht am kalten Büfett

Neben ihren aktienrechtlichen Aufgaben erfüllt die jährliche Hauptversammlung vielfach auch eine soziale Funktion. Um als „Aktien-Neuling" das Geschehen und die Zusammensetzung der Teilnehmer besser verstehen zu können, sei auch diesem Aspekt ein kurzes Kapitel gewidmet.

Dass die meisten privaten Anleger aufgrund ihres verhältnismäßig geringen Aktienbestandes kaum in der Lage sein werden, die Unternehmensgeschicke über ihr Stimmrecht maßgeblich zu beeinflussen, liegt auf der Hand. Um so mehr erstaunt es, auf vielen Hauptversammlungen Kleinaktionäre in großer Zahl anzutreffen.

Bei genauerer Betrachtung stellt man fest, dass viele von ihnen bereits das Pensionsalter erreicht haben. Viele ehemalige Mitarbeiter, die in ihrer aktiven Zeit Belegschaftsaktien erworben haben, nutzen diese Gelegenheit, um zu sehen, wie sich die Geschäfte ihres ehemaligen Arbeitgebers entwickeln. Außerdem trifft man sich gern mit alten Kollegen.

Nicht zu übersehen ist auch, dass die meisten Gesellschaften ihre Hauptversammlung als willkommene Plattform für eine intensive Öffentlichkeitsarbeit nutzen. Und da lässt man sich natürlich nicht lumpen: Abgesehen von einem meist erstklassigen Menü oder Büffet werden vielfach Warenproben oder hochklassige Werbegeschenke verteilt.

Wer also die nötige Zeit mitbringt, kann sich auf Hauptversammlungen manch schönen Tag machen. „Profis" unter den Ruheständlern führen regelrechte Verzeichnisse, in denen Veranstaltungsorte, Präsente und die Qualität der Menüs akribisch festgehalten werden, und halten oft nur eine einzige Aktie des jeweiligen Unternehmens.

Die Sonderstellung der Vorzugsaktionäre

Neben den regulären Stammaktien emittieren viele Unternehmen auch so genannte *Vorzugsaktien,* im Kurszettel mit dem Kürzel *Vz.* markiert.

Der Hauptvorteil besteht in der Ausschüttung einer erhöhten *Vorzugsdividende.* Daneben sind auch andere Vorteile, beispielsweise bei der Verteilung eines eventuellen *Liquidationserlöses,* möglich. Bei der Mehrzahl aller Vorzugsaktien wird jedoch der Dividendenvorteil mit dem Ausschluss des Stimmrechtes erkauft. Die Gesellschaften erhalten so einen Kapitalzufluss, ohne durch das Mitspracherecht der Aktionäre in ihrer Handlungsfreiheit eingeschränkt zu werden. Ist das Stimmrecht ausgeschlossen, so besteht eine Nachzahlungsverpflichtung für dividendenlose Geschäftsjahre. Kann die Vorzugsdividende zweimal in Folge nicht gezahlt werden, so lebt das Stimmrecht der Vorzugsaktieninhaber im dritten Jahr wieder auf.

Stammaktionäre erhalten erst dann Ausschüttungen, wenn die Dividendenansprüche der Vorzugsaktionäre erfüllt worden sind. Obwohl das Stimmrecht ausgeschlossen ist, sind Vorzugsaktionäre zur Teilnahme an der Hauptversammlung berechtigt und können dort von ihrem Auskunftsrecht Gebrauch machen.

Vor- und Nachteile von Vorzugsaktien

Da Stamm- und Vorzugsaktien demselben „Unternehmensschicksal" unterworfen sind, entwickeln sich ihre Kurse in der Praxis weitgehend parallel. Wegen des fehlenden Stimmrechts notieren Vorzugsaktien meist etwas niedriger.

TIPP Als privater Anleger sind Sie in erster Linie an einer möglichst hohen Dividende und geringen Einstandskursen interessiert, ohne Einfluss auf die Geschäftspolitik anzustreben. Daher ist die Vorzugsaktie verglichen mit der Stammaktie meist die günstigere Wahl.

Kapitalveränderungen

Die Kapitalerhöhung – wenn Aktien Junge kriegen

Braucht eine Aktiengesellschaft zusätzliches Kapital – sei es, um neue Auslandsmärkte zu erschließen, Forschungen und Neuentwicklungen durchzuführen oder um die Produktionsanlagen zu modernisieren –, so liegt es nahe, das Eigenkapital aufzustocken, um die hohen Zinsen zu vermeiden, die eine Aufnahme von Fremdkapital verursachen würde.

Ausgabe junger Aktien

Die am häufigsten angewandte Form der Kapitalerhöhung ist die gegen Bareinzahlung. Die Ausgabe neuer, so genannter *junger Aktien* bedarf grundsätzlich der Zustimmung der Hauptversammlung mit Dreiviertelmehrheit.

Aktionäre haben Bezugsrechte

Entsprechend ihres bisherigen Anteils am Grundkapital haben die Aktionäre Anspruch auf so genannte *Bezugsrechte,* um ihren relativen Anteil am Unternehmen auch in Zukunft erhalten zu können, also eine Kapitalverwässerung zu vermeiden. Wie viele dieser Bezugsrechte zum Erwerb jeweils einer jungen Aktie erforderlich sind, ergibt sich aus dem so genannten *Bezugsverhältnis.* Dies ist das Verhältnis zwischen vorhandenem Grundkapital und neu hinzukommendem Kapital.

Beispiel:

Das Bezugsverhältnis beträgt 5:1. Auf fünf alte Aktien kommt dann jeweils eine junge Aktie neu hinzu. Wer eine junge Aktie erwerben möchte, braucht dazu die Bezugsrechte von fünf alten Aktien.

Um den Aktionären die Möglichkeit zu geben, die von ihnen für den Kauf junger Aktien benötigten Bezugsrechte zu kaufen oder nicht benötigte Bezugsrechte zu verkaufen, werden diese Rechte innerhalb der so genannten *Bezugsfrist* (mindestens zwei Wochen) an der Börse als eigenständige Wertpapiere gehandelt. Dazu wird am ersten Tag der Bezugsfrist das jeweilige Bezugsrecht von der Altaktie getrennt und gesondert notiert. Der Kurs der Aktien wird ab diesem Zeitpunkt folglich ex Bezugsrecht notiert. Möchte ein Aktionär sein Bezugsrecht nicht ausüben, sondern an der Börse verkaufen, so sinkt sein prozentualer Anteil am Grundkapital, weil zahlreiche junge Aktien hinzukommen.

Beispiel:
Die Muster AG erhöht ihr Grundkapital im Verhältnis 5:1. Um ihren relativen Anteil am Grundkapital zu erhalten, müssten die Aktionäre ihren Aktienbestand um ein Fünftel erhöhen.

Meist ist der Bezugskurs der jungen Aktien niedriger als der Börsenkurs der alten Aktien, um einen Anreiz zur Zeichnung zu schaffen. Der Kurs des an der Börse gehandelten Bezugsrechts ergibt sich aus Angebot und Nachfrage. Daher kann er durchaus vom rechnerisch ermittelten Wert abweichen. Der rechnerische Wert basiert auf dem Kurs der alten Aktie, dem Ausgabekurs der jungen Aktie und dem Bezugsverhältnis. Nach der folgenden Formel lässt er sich ermitteln:

An der Börse gehandelt: Bezugsrechte junger Aktien

$$\text{Bezugsrechtswert} = \frac{\text{Kurs der alten Aktie } \text{./. Ausgabekurs der jungen Aktie}}{\text{Bezugsverhältnis} + 1}$$

Beispiel:
Die Muster AG führt eine Kapitalerhöhung im Verhältnis von 5:1 durch. Der Kurs der alten Aktien beträgt 280 €. Für die jungen Aktien ist ein Ausgabekurs von 230 € festgesetzt worden. Das bedeutet: Zum Erwerb einer jungen Musteraktie sind fünf Bezugsrechte und 230 € Zuzahlung erforderlich. Daraus ergibt sich ein rechnerischer Wert des Bezugsrechtes von 8,33 €.

Der rechnerische Wert des Bezugsrechts

Steigt der Kurs der alten Aktien während der Bezugsfrist, so wird im Regelfall auch der Kurs des Bezugsrechtes entsprechend steigen und umgekehrt.

Auch wer keine Aktien der jeweiligen Gesellschaft besitzt, kann an der Börse Bezugsrechte kaufen und so an der Kapitalerhöhung teilnehmen.

Wer bereits Aktionär ist und seiner Bank keinen Auftrag erteilt, vorhandene Bezugsrechte zu verkaufen, Bezugsrechte zusätzlich zu kaufen oder junge Aktien zu erwerben, dessen Bezugsrechte werden am letzten Handelstag der Bezugsfrist *bestens* veräußert. Der Erlös wird ihm gutgeschrieben.

Auch der rein spekulative An- und Verkauf von Bezugsrechten innerhalb der Bezugsfrist ist, ohne anschließende Beteiligung an der Kapitalerhöhung, möglich.

Dividendennachteil bei jungen Aktien

Alte und junge Aktien unterscheiden sich oft hinsichtlich ihrer Dividendenberechtigung. Fließt das junge Kapital erst im Laufe des Geschäftsjahres zu, so haben die jungen Aktien im laufenden Jahr meist nur eine zeitanteilige Dividendenberechtigung *(Dividendennachteil)*. Solange junge Aktien nicht die gleichen Rechte wie Altaktien verbriefen, werden sie an der Börse gesondert notiert. Ihr Kurs liegt etwa in Höhe des Dividendennachteils unter dem der Altaktien. Ab der nächstfolgenden Hauptversammlung entfällt der Dividendennachteil. Die jungen Aktien werden zu Altaktien, sodass nur noch ein Kurs der Gesellschaft notiert wird.

Berichtigungsaktien

Eine Aktiengesellschaft kann ihr Grundkapital auch dadurch erhöhen, dass Rücklagen in Aktienkapital umgewandelt werden. Neue Mittel fließen dem Unternehmen dabei nicht zu, da sich das Kapital bereits in der Gesellschaft befindet.

Ausgabe von Berichtigungsaktien

In diesem Fall werden den Aktionären *Berichtigungsaktien* entsprechend ihrem bisherigen Anteil am Grundkapital gewährt. So wird sicher gestellt, dass jeder Aktionär den Anteil am neu geschaffenen Grundkapital erhält, der seinem bisherigen Aktienbestand entspricht.

Da die jungen Aktien allein gegen die entsprechenden Bezugsrechte ohne zusätzliche Bareinzahlungen gewährt werden, spricht man auch von *Gratisaktien*.

Die Ausgabe von Berichtigungsaktien führt lediglich zu einer Umschichtung innerhalb der Bilanz, und zwar wie folgt: Die Rücklagen werden verringert, das haftende Eigenkapital erhöht sich entsprechend.

Da dem Unternehmen keine neuen Mittel zugeflossen sind, jedoch eine größere Anzahl von Aktien in Verkehr kommt, ergibt sich optisch eine Kurssenkung. Das liegt daran, dass jede Aktie nun einen kleineren prozentualen Anteil des Unternehmens repräsentiert und dass die Rücklagen verringert worden sind.

Eine Kapitalerhöhung aus Gesellschaftsmitteln bedarf, ebenso wie die Ausgabe junger Aktien gegen Bareinzahlung, der Zustimmung der Hauptversammlung.

Neuemissionen

Werden Aktien eines Unternehmens erstmals zum Börsenhandel eingeführt, spricht man von einer *Neuemission.* Die entsprechende Gesellschaft bedient sich dazu in der Regel eines so genannten *Emissionskonsortiums,* einer Gruppe von Banken, die gemeinsam die Aufgabe haben, Käufer für die neu erscheinenden Aktien zu finden. Innerhalb der so genannten *Zeichnungsfrist* hat jeder Anleger die Möglichkeit, zum Emissionspreis Aktien zu *zeichnen,* also zu bestellen. Alternativ zum Festpreisverfahren kommt häufig das in den USA entwickelte *Bookbuilding* zum Einsatz. Dabei wird zunächst eine Preisspanne veröffentlicht. Institutionelle Anleger reichen dann ihre Gebote mit Mengenangaben ein. Daraus lässt sich berechnen, welche Volumina zu welchem Preis platzierbar sind. Auf dieser Basis wird ein marktorientierter Ausgabekurs festgelegt, um einen fairen Interessenausgleich zwischen Emittent und Investoren zu gewährleisten. Da die Banken bis zum so genannten *Erscheinen* der Papiere genug Zeichner finden möchten, um alle Aktien an den Mann oder die Frau zu bringen, wird meist ein attraktiver Emissionspreis festgesetzt. Nicht selten erreichen die Papiere bereits am ersten Handelstag weit höhere Kurse. Verlassen sollte man sich darauf jedoch nicht. Manche Aktien haben ihren Emissionspreis im späteren Handel nie wieder erreicht.

Emissionen haben in der Regel die Aufgabe, Unternehmen Eigenkapital für weiteres Wachstum, also für Forschung, Entwicklung, Erschließung neuer Märkte etc. zu beschaffen. In einigen Fällen dienen sie jedoch auch dazu, größere Aktienpakete, die sich über lange Zeit in festen Händen befunden haben, breit gestreut zu verkaufen. Besonders Beteiligungen des Bundes werden auf diese Weise privatisiert, um das Haushaltsdefizit zu verringern. Beispiele dafür sind die Telekom und ehemals in Bundesbesitz befindliche Lufthansa-

Neuemission von Aktien

Emission von Aktien als Mittel der Kapitalbeschaffung

Anteile. Solange dabei größere Aktienmengen in Bundesbeitz verbleiben, besteht allerdings die Gefahr, dass die angespannte staatliche Haushaltslage den Kurs negativ beeinflussen kann. Dann nämlich, wenn weitere Aktien aus Bundesbesitz in großer Menge verkauft werden sollen. So erlebte die Aktie der Deutschen Telekom im Mai 1997 einen deutlichen Kurseinbruch, als das Finanzministerium öffentlich erwog, seine restlichen Anteile früher als geplant veräußern zu wollen.

Der Neue Markt

Die Deutsche Börse AG hat 1997 unter der Bezeichnung „Neuer Markt" eine besondere Plattform ins Leben gerufen, damit Unternehmen den Gang an die Börse und die Gewinnung zukünftiger Aktionäre unter optimalen Voraussetzungen vornehmen können. Da das Interesse an der Aktienanlage seit Mitte der 90er-Jahre stark zugenommen hat, nutzen immer mehr Unternehmen die Möglichkeit zum Börsengang. Darunter auch manche aus Branchen, die bislang auf dem deutschen Kurszettel nicht vertreten waren, wie zum Beispiel Deutsche Telekom (Telekommunikation, Emission 1996) oder ProSieben (Fernsehen, Emission 1997). Sogar Fußballvereine und Rockmusiker planen die Ausgabe von Aktien.

Überzeichnung = weniger Aktien verfügbar als gezeichnet

Die hohe Nachfrage führt häufig dazu, dass weit mehr Aktien gezeichnet werden als verfügbar sind. Man spricht dann von einer *Überzeichnung*. In diesem Fall wird repartiert, das heißt, geringere Stückzahlen werden zugeteilt. Dies geschah zum Beispiel im November 1996 bei der Emission der Deutschen Telekom, die mehrfach überzeichnet worden war. Reicht auch dies nicht aus, um die Nachfrage zu befriedigen, wird per Losverfahren ermittelt, wer Aktien erhält.

Emissionsbanken neigen dazu, bei Überzeichnung diejenigen Anleger in der Zuteilung zu bevorzugen, die sehr hohe Stückzahlen geordert haben. So wurden beispielsweise bei der Emission der Bausparkasse BHW im April 1997 nur diejenigen Anleger berücksichtigt, die mindestens 500 Aktien gezeichnet hatten. Aus Bankensicht verständlich, denn die Verteilung größerer Aktienpakete auf weniger Investoren reduziert den Buchungsaufwand. Für den privaten Anleger besteht eine reelle Chance auf Zuteilung aber oft nur, wenn er sich von vornherein bereit zeigt, im fünfstelligen Bereich zu investieren. So liegt für viele die Versuchung nahe, bei Emissionen grundsätzlich ein Vielfaches der Aktienmenge zu zeichnen, die sie erwerben möchten. Doch Vorsicht: Lange nicht jede Emission wird überzeichnet und deshalb muss stets damit gerechnet werden, die georderte Stückzahl auch tatsächlich abnehmen und bezahlen zu müssen. Im Übrigen ist eine Überzeichnung allein kein Garant für eine positive spätere Kursentwicklung.

TIPP Um zu entscheiden, ob die Zeichnung einer Emission sich für Sie lohnt, stellen Sie sich folgende Fragen:

Wann lohnt sich die Zeichnung einer Emission

- Kennen Sie das Unternehmen, sind Sie vielleicht sogar bereits Kunde?
- Gibt es Broschüren, eine telefonische Hotline oder Veranstaltungen, um potenzielle Aktionäre mit Informationen zu versorgen?
- Trauen Sie der Branche nachhaltiges Wachstum zu?
- Wozu will die Aktiengesellschaft das eingehende Kapital verwenden? (Investitionen in Forschung, Entwicklung, Wachstum und Beteiligungen lassen für die Zukunft mehr erwarten, als wenn nur hohe Schulden getilgt werden sollen.)
- Wie beurteilen Sie die bisherige und die geplante Geschäftspolitik?
- Wo ist das Unternehmen führend, gibt es Konkurrenten und mit wem bestehen Kooperationen?
- Welche Ertragsaussichten (und Dividenden) sind für die nächsten Jahre zu erwarten?
- Befürwortet die Wertpapierberatung Ihrer Bank den Kauf dieser Aktie?
- Ist mit einer Überzeichnung zu rechnen?

Und auch das Gegenteil gibt es: der Aktienrückkauf

Manche Unternehmen sind in der glücklichen Lage, mehr Kapital zu erwirtschaften, als sie für Investitionen benötigen. Dieses Geld wird am Kapitalmarkt angelegt, so wie Sie es mit Ihrem Ersparten tun. Ärgerlich ist es für die jeweilige Gesellschaft, wenn diese Anlagen eine geringere Rendite abwerfen, als das im Unternehmen arbeitende Kapital.

In dieser Lage kaufen Gesellschaften gerne eigene Aktien zurück. Durch eine Änderung des Aktiengesetzes ist dieses Verfahren seit 1998 gestattet. Es dürfen so bis zu zehn Prozent des Aktienbestandes vom Unternehmen zurückgekauft werden. Die Hauptversammlung muss dem allerdings zustimmen. Die zurückgekauften Aktien verschwinden endgültig vom Markt, denn sie dürfen anschließend nicht wieder an der Börse verkauft werden.

Gutes Zeichen: Aktienrückkauf durch das Unternehmen

Der *Aktienrückkauf* ist immer ein gutes Zeichen und zwar in mehrfacher Hinsicht: Die Aktie ist fundamental gut abgesichert, denn der Vorstand kennt sein Unternehmen am besten. Durch die zusätzliche Nachfrage steigt der Kurs. Der Gewinn verteilt sich in Zukunft auf weniger Aktionäre und die Rendite des Unternehmens steigt, da überschüssige Liquidität abgebaut wird, deren schlechte Verzinsung das Gesamtergebnis drückt. Ein Aktienrückkauf ist einer Dividendenerhöhung vorzuziehen, da die Dividendenerhöhung versteuert werden muss, während der durch Rückkauf entstandene Kursanstieg (nach Ablauf der gesetzlichen Spekulationsfrist) für den Anleger steuerfrei bleibt.

In den Vereinigten Staaten ist dieses Vorgehen seit langem üblich. In Phasen niedriger Zinsen und hoher Gewinne kauften Unternehmen dort insgesamt mehr Aktien zurück, als durch Neuemissionen und Kapitalerhöhungen an die Börse kamen.

Willkommen in Euroland

Was hat sich an der Börse durch den Euro geändert?

Das Euro-Logo, das uns bald so geläufig wie die Abkürzung „DM" sein wird, entstand als Kombination aus dem griechischen Epsilon als Symbol für den Ursprung der europäischen Zivilisation und der Initiale „E" für Europa. Die Parallelen in der Mitte sollen Zeichen für eine stabile Währung sein.

Das Euro-Logo

Es handelt sich hierbei nicht um eine Währungsreform, sondern um eine Währungsumstellung. Das bedeutet, dass dadurch keine Verluste bei Kapitalvermögen auftreten. Alle geldgebundenen Größen wie Gehälter, Renten, Kontoguthaben, Schulden, Mieten, Zinszahlungen, Preise, Versicherungen usw. werden mit einem festen Umrechnungsfaktor auf den Euro umgestellt. Der Wert des Geldes ändert sich dadurch nicht. Niemand hat das Recht, wegen der Euro-Umstellung bestehende Verträge zu kündigen oder neu vereinbaren zu wollen. Das gilt selbstverständlich auch für Banken und Versicherungen.

Währungsumstellung von DM auf Euro

Die Umstellung beginnt mit dem 1. Januar 1999. In einer dreijährigen Übergangszeit erstreckt sie sich über verschiedene Teilstufen bis zur letzten Phase ab 1. Januar 2002.

Für Verträge, die auf Bundesbank-Zinssätzen (wie dem Diskont- oder Lombardsatz) aufbauen, bzw. rechnerische Größen in Abhängigkeit davon definieren, wurde eine gesetzliche Ersatzregelung getroffen.

Zur Schaffung eines integrierten, liquiden und transparenten europäischen Kapitalmarktes ist viel Detailarbeit erforderlich. Denken wir nur an Wertstellungsfristen, regionale Feiertage und die damit verbundene Schließung von Märkten, einheitliche Rendite- und Stückzinsberechnungen sowie steuerliche Gegebenheiten.

Vorteile für den Geldanleger

Für den Geldanleger ergeben sich künftig deutliche Vorteile. Wertpapiere aus Mitgliedsstaaten der Währungsunion kann man in Zukunft in Euro kaufen bzw. verkaufen. Das bedeutet, es eröffnet sich ein neues, weitaus größeres Anlagespektrum zu inländischen Konditionen. So wie daheim. Das senkt nicht nur Kosten bei den einzelnen Transaktionen und bei der Wertpapierverwahrung. Manch lästige Umrechnerei kann entfallen. Erträge aus entsprechendem Vermögen erhält man in Euro. Auch die Sicherheit der Anlage steigt deutlich, nämlich durch höhere Markttransparenz und vor allem durch den Wegfall des Wechselkursrisikos.

Die Euro-Umstellung und der Aktienmarkt

Die Währungsunion beschert insbesondere Aktionären deutliche Vorteile. Aktiengesellschaften mussten nämlich bisher bei Import und Export von Rohstoffen bzw. Erzeugnissen stets Risikospannen für eventuelle Wechselkursänderungen einkalkulieren. Durch eine einheitliche Währung entfällt dieses Risiko. Dadurch lassen sich Kalkulationen sehr viel knapper und präziser durchführen, die Gesellschaften können preisgünstiger und somit wettbewerbsfähiger anbieten. Eine abgestufte Preispolitik innerhalb nationaler Währungsgrenzen (die bisher beispielsweise zu KFZ- und Arzneimittel-Reimporten führte) ist kaum noch möglich. Damit entfallen viele regionale Marktnischen. Besonders große, international orientierte Aktiengesellschaften in Branchen wie Pharma, Chemie, Automobile, Luftfahrt, Nahrungsmittel, Luxusgüter, Banken, Versicherungen, Maschinenbau, Telekommunikation, Medien, EDV-Hardware und -Software profitieren davon. Umfragen haben außerdem ergeben, dass institutionelle Großanleger eine Erhöhung der Aktienanteile in ihren Beständen planen. All das wird den Aktienkursen zugute kommen.

Konsequenzen für den Aktienmarkt

Vergleichbar der Zinskonvergenz an den Rentenmärkten, die dazu führt, dass sich die Zinsen der Währungen der Beitrittsländer immer mehr angeglichen haben, ist auch eine *Konvergenzentwicklung* am

Aktienmarkt zu beobachten. Teuer bzw. günstig bewertete Märkte gleichen sich einander an. So konnte der Aktienmarkt der Niederlande seit Anfang der 90er-Jahre einen Anstieg des zuvor eher niedrigen Kurs/Gewinn-Verhältnisses (KGV) verzeichnen. Der italienische Markt wird im Zuge dieser Angleichung deutlich niedriger bewertet. Der Vergleich einzelner Werte anhand ihres Kurs/Gewinn-Verhältnisses erfolgt nicht mehr allein auf nationaler Ebene, sondern zunehmend innerhalb eines Europa-weiten Branchenüberblicks. Damit hat der Kapitalmarkt die Integration schon zu einem großen Teil vorweggenommen.

Konjunkturentwicklung, Zinsen, Dollarkurs und die Aktienkultur in der Bevölkerung, d.h. die Akzeptanz gegenüber Aktien als Vermögensanlage, werden auch weiterhin bestimmende Einflussfaktoren der Kursbildung bleiben. Auch der Begriff der so genannten *Blue Chips*, der marktbeherrschenden Standardwerte, erhält durch die EWU eine völlig neue Bedeutung. Nun verstehen wir darunter nicht mehr die klassischen 30 DAX-Werte, sondern eine Gruppe von führenden europäischen Standardwerten. Viele Aktiengesellschaften versuchen sich, besonders durch Fusionen, in eine Größenordnung zu „katapultieren", die ihnen erlaubt, in dem nun entstehenden Markt weiterhin „ganz oben" zu stehen. Auch die zunehmende Orientierung der Unternehmen am Shareholder Value ist wegen des zunehmenden Wettbewerbs um Kapital auf dem erheblich gewachsenen Markt mit seiner Vielzahl neuer Alternativen unumgänglich.

Das bleibt: Einflussfaktoren der Kursbildung

Wertpapiere, die den Aktien verwandt sind

Genussscheine

Genussscheine sind im Bereich zwischen Aktie und Anleihe angesiedelt. Genussscheine verbriefen *Vermögensrechte,* die in den entsprechenden Genussschein-Bedingungen genau spezifiziert sind. Sie lauten auf einen bestimmten Nominalwert und werden an der Börse gehandelt.

Während der Vorzugsaktionär zur Hauptversammlung zugelassen ist, dort jedoch kein Stimmrecht hat, gehen Genussscheine noch einen Schritt weiter: Der Inhaber ist nicht einmal zur Teilnahme an der Hauptversammlung berechtigt. Seine Rolle beschränkt sich damit auf die eines stillen Teilhabers. Ihm bleibt jedoch ein Anspruch auf Gewinnbeteiligung, das so genannte *Genussrecht.* Zu diesem Zweck sind den Genussscheinen *Gewinnanteilscheine* beigefügt, die den Coupons des Dividendenscheinbogens einer Aktie entsprechen.

Genussrecht = Anspruch auf Gewinnbeteiligung

Genussrechte können

Variabel: was Genussrechte verbriefen

- einen festen Zinsertrag verbriefen oder
- einen Grundzins zuzüglich einer gewinnabhängigen Ausschüttung beinhalten;
- Bezugs- oder Umtauschrechte für Stamm- oder Vorzugsaktien beinhalten;
- unbegrenzt laufen;
- nach einer begrenzten Laufzeit zur Rückzahlung fällig werden oder
- nach einer festgelegten Laufzeit durch die emittierende Gesellschaft kündbar sein.

Je nachdem, ob der Zinsertrag oder die gewinnabhängige Ausschüttung eines Genussscheins dominiert, ist seine Kursentwicklung mehr von der Zinstendenz oder mehr von der Ertragslage der jeweiligen Gesellschaft abhängig.

Je nach Ausgestaltung der Bedingungen bergen diese Papiere eine Reihe besonderer Risiken:

■ *Ausschüttungsrisiko.* Sofern keine Mindestverzinsung garantiert wird, ist die Ausschüttung vom Erzielen eines ausreichenden Gewinns abhängig.

■ *Rückzahlungsrisiko.* Sind während der Laufzeit des Genuss-scheins Verluste eingetreten, so kann dies zu einer Minderung des Rückzahlungsbetrages führen.

■ *Haftungsrisiko.* Bei Konkurs oder Liquidation werden die Rück-zahlungsforderungen der Genussscheininhaber meist nachrangig, das heißt erst nach Befriedigung aller anderen Gläubiger, erfüllt.

Risiken der Anlage in Genussscheinen

Wandelanleihen

Die *Wandelanleihe* kann man einordnen zwischen festverzinslicher Schuldverschreibung und Aktie. Sie wird von Aktiengesellschaften herausgegeben. Am Kapitalmarkt erscheint sie zunächst als gewöhnliche Anleihe mit festem Zinssatz und fester Laufzeit (meist zehn Jahre). Die Verzinsung liegt jedoch unter der, die zur gleichen Zeit für herkömmliche Anleihen geboten wird. Zum Ausgleich erhält der Käufer das Recht, die Anleihe innerhalb der so genannten *Wand-lungsfrist* bei einer festgesetzten Zuzahlung in Aktien zu *wandeln,* also umzutauschen. Das *Wandelverhältnis* zeigt, wie viele Anleihen in wie viele Aktien getauscht werden können. Die Anleihe wird also zurückgegeben und ihr Preis auf den Preis der jungen Aktien ange-rechnet. Der Inhaber hat nun keine Zinsforderungen mehr, ande-rerseits aber Anspruch auf Dividende.

Festverzinsliche Anleihe mit der Option auf Umwandlung in eine Aktie

Aus Sicht der Aktiengesellschaft bedeutet dieses Verfahren zunächst die Aufnahme von Fremdkapital, verbunden mit der Bereitschaft, dies in Eigenkapital umzuwandeln. In Zeiten, in denen der Aktien-markt unsicher erscheint und Anleger vermehrt auf festverzinsliche Papiere setzen, nutzen Unternehmen gern diese Form der Kapital-aufnahme.

Da sich bei Wandlung in Aktien das haftende Eigenkapital erhöht, erfordert die Ausgabe von Wandelanleihen die Zustimmung der Hauptversammlung, genau wie bei der Ausgabe junger Aktien. Außerdem steht den Altaktionären ein Bezugsrecht zu.

Eine Gesellschaft, die eine Wandelanleihe ausgibt, führt somit eine bedingte Kapitalerhöhung durch.

Sinken die Zinsen, so wird der Zinssatz der Anleihe vergleichsweise attraktiv. Der Reiz zu wandeln lässt also nach. Auch wenn der Börsenkurs der Aktie unter den Wandlungskurs fällt, besteht kein Anreiz, den Umtausch zu vollziehen.

Je mehr der Aktienkurs jedoch steigt, desto mehr wird vom Wandlungsrecht Gebrauch gemacht. Die Anleihe wird attraktiver, ihr Kurs steigt entsprechend.

TIPP Somit ist die Wandelanleihe ein Instrument für Anleger, die ihr Risiko begrenzen wollen. Sie ermöglicht es, Kapital verzinslich anzulegen und sich den Umstieg in den Aktienmarkt offen zu halten, sobald die Eckdaten günstig erscheinen.

Optionsanleihen

Eine *Optionsanleihe* ist bei genauer Betrachtung eine Art Kombipack aus zwei verschiedenen Wertpapieren:

Anleihe plus ...
1. Wie der Name schon sagt, enthält das Paket einerseits eine *Anleihe,* also eine Schuldverschreibung, die auf einen bestimmten Nominalzins lautet und am Ende der Laufzeit zurückgezahlt wird. Verglichen mit der Rendite anderer Anleihen, ist der Zinssatz einer Optionsanleihe allerdings deutlich niedriger. Auf diese Weise möchte die emittierende Gesellschaft Finanzierungskosten sparen.

... Optionsrecht zum Bezug von Aktien
2. Um den Kauf für den Anleger dennoch interessant zu machen, gibt's noch etwas dazu, nämlich ein *Optionsrecht* zum Bezug von Aktien des Unternehmens zu besonderen Bedingungen. Ein solches Angebot ist für Investoren attraktiv, wenn die Tendenz sowohl am Aktien- als auch am Rentenmarkt günstig eingeschätzt wird.

Da es sich bei diesem Päckchen um zwei unterschiedliche Arten von Wertpapieren handelt, für die sich in der Folge ganz verschiedene Anlegergruppen interessieren, werden sie kurze Zeit nach der Begebung (Ausgabe) getrennt voneinander an der Börse gehandelt.

An der Börse getrennt handelbar: Anleihe und Optionsschein
Der Käufer hat dann die Wahl zwischen
- der Anleihe inklusive Optionsschein *(cum),*
- der Anleihe ohne Optionsschein *(ex)* und
- dem Optionsschein allein (er wird im folgenden Kapitel näher erläutert).

Die *Optionsfrist* ist in den meisten Fällen identisch mit der Laufzeit der Anleihe. Eine Einschränkung der Optionsfrist gilt als negativ.

TIPP 1 Wer Wert auf eine feste Verzinsung legt, für den eventuellen Einstieg in den Aktienmarkt bereits ein Hintertürchen öffnen möchte, aber einen günstigen Zeitpunkt abwarten will, für den ist die Optionsanleihe interessant. Und das bei hoher Flexibilität: Man kann das Optionsrecht ausüben oder die später uninteressant gewordenen Teile des Päckchens an der Börse verkaufen.

Optionsanleihen:
Tipps für Anleger

TIPP 2 Das Halten von Optionsanleihen ohne Optionsschein ist für Anleger mit hoher Steuerprogression interessant. Durch den niedrigen Zinssatz lassen sie sich zu günstigen Kursen erwerben. Am Ende der Laufzeit werden sie zu 100 Prozent zurückgezahlt. Der entstandene Kursgewinn bleibt steuerfrei.

Klassische Optionsscheine

Ein *Optionsschein* (engl. *Warrant)* verbrieft das Recht, innerhalb einer festgelegten Frist (meist mehrere Jahre) zu einem festgelegten Basispreis Aktien der entsprechenden Gesellschaft zu erwerben. Macht ein Inhaber von diesem Recht Gebrauch, so spricht man von der so genannten *Ausübung.*

Option zum Kauf
von Aktien zu
einem festen
Basispreis

Neben Aktienoptionsscheinen gibt es auch Optionsscheine, die zum Bezug von Anleihen, Devisen oder Waren berechtigen. Eine Besonderheit bilden Indexoptionsscheine, die zum Schluss dieses Kapitels erläutert werden.

Optionsscheine werden bis zu ihrem Verfall an der Börse gemäß Angebot und Nachfrage gehandelt und unterliegen naturgemäß in etwa den gleichen Kursschwankungen wie die Aktien, zu deren Bezug sie berechtigen.

Durch den geringen Kurswert der Scheine gegenüber dem der Aktien fallen Kursänderungen bei den Optionsscheinen prozentual gesehen weit mehr ins Gewicht. Man spricht dabei von der *Hebelwirkung* (engl. *Leverage Effect).*

Beispiel:
Die Muster-AG-Aktie hat zur Zeit einen Börsenkurs von 500 €. Ein Muster-Optionsschein wird mit 50 € gehandelt. Er berechtigt bis zum 1. April 2010 zum Kauf einer Musteraktie zum Preis von 450 €. Der Kauf der Aktie über den Optionsschein kostet zur Zeit also gleich viel wie der

Direkterwerb, nämlich 50 € + 450 € = 500 €.
Steigt nun der Aktienkurs um 50 €, so wird rechnerisch auch der Kurs des Optionsscheins auf 100 € steigen und umgekehrt. Beim Aktienkurs beträgt die Kursänderung 10 Prozent, für den Optionsschein bedeutet dies aber bereits einen Sprung von 100 Prozent.

Chancen und Risiken von Optionsscheinen

Dieses Beispiel zeigt, dass Optionsscheine aufgrund ihrer Hebelwirkung erhebliche Kurschancen, andererseits ebenso hohe Risiken bergen. Die Hebelwirkung ist umso stärker, je niedriger der Kurs des Optionsscheins im Verhältnis zum Aktienkurs ist.

In der Praxis notieren Optionsscheine häufig über ihrem rechnerischen Wert. Man spricht dann von einem so genannten *Aufgeld* oder *Agio*. Je höher das Aufgeld, desto geringer wird die Hebelwirkung. Das Risiko vermindert sich jedoch nicht. Je geringer die Restlaufzeit eines Optionsscheins, desto geringer wird das Aufgeld, das Investoren bereit sind zu zahlen. Denn je näher der Verfalltag rückt, desto mehr nimmt die Chance der profitablen Ausübung des Optionsrechtes ab. Der Zeitwert sinkt also, bis er am Ende der Laufzeit gleich null ist.

TIPP Optionsscheine dürfen niemals im Depot „vergessen" werden. Denn selbst wenn die Ausübung am Ende der Laufzeit rechnerisch zweckmäßig ist, muss sie vom Inhaber ausdrücklich veranlasst werden. Sonst verfallen die Scheine wertlos.

Ideale Anlageform für spekulative Investments

Aufgrund des verhältnismäßig geringen Kapitaleinsatzes, der hohen Hebelwirkung und des damit verbundenen starken Kursänderungspotenzials sind Optionsscheine vor allem für *spekulative* Investments geeignet. Für *langfristige* Anlagen eignen sie sich aufgrund ihrer begrenzten Laufzeit nicht.

Neben den hier dargestellten klassischen Optionsscheinen gibt es eine Vielzahl von Weiterentwicklungen. So lassen einige Scheine eine Ausübung nur am Schluss oder nur während eines Teils der Laufzeit zu. Außerdem existieren neben den Optionsscheinen, die zum Kauf eines Basiswertes berechtigen *(Call),* auch Varianten, die zum Verkauf *(Put)* berechtigen.

Ferner werden Optionsscheine angeboten, die erst dann zur Ausübung berechtigen, wenn der Basiswert eine bestimmte Kursschwelle über- oder unterschritten hat.

Covered Warrants

Covered Warrants, zu deutsch: gedeckte Optionsscheine, stellen eine Besonderheit dar, die in den letzten Jahren zunehmend an Bedeutung gewonnen hat. Emittent dieser Optionsscheine ist nicht diejenige Aktiengesellschaft, deren Aktien per Optionsausübung bezogen werden können, sondern eine Bank.

Emittent ist eine Bank

Diese deckt sich (deshalb *gedeckte* Optionsscheine) mit einer ausreichenden Menge von Aktien des Basiswertes ein, damit sie für den Fall, dass die Optionsscheine ausgeübt werden, gerüstet ist, das heißt, damit sie die entsprechenden Aktien liefern kann. Eine andere Möglichkeit besteht darin, dass sich die Emissionsbank durch frühzeitige Gegengeschäfte am Terminmarkt für den Fall der Ausübung absichert.

Nachdem nun für den entsprechenden Deckungsbestand gesorgt ist, werden Optionsscheine auf diesen Bestand ausgegeben. Damit soll Kleinanlegern ein Engagement in relativ teuren Standardwerten bei verhältnismäßig geringem Kapitaleinsatz ermöglicht werden.

Die *Laufzeit* von Covered Warrants ist mit zwei bis drei Jahren gewöhnlich kürzer als die klassischer Optionsscheine. Das *Aufgeld* ist im Vergleich zu diesen etwas höher, da die Finanzierungskosten des Deckungsbestandes, das heißt, die Unverkäuflichkeit der zu Grunde liegenden Aktien, einkalkuliert werden müssen.

Eine Spekulation in Covered Warrants birgt daher mindestens ebenso hohe Risiken wie bei klassischen Optionsscheinen, will also wohl überlegt sein.

Covered Warrants: Tipps für Anleger

TIPP Sie sollten also nur dann in Covered Warrants investieren, wenn der zu Grunde liegenden Aktie noch ein erhebliches Kurssteigerungspotenzial zugetraut wird.

Index-Optionsscheine

Seit Anfang der 90er-Jahre werden auch in Deutschland *Index-Optionsscheine* angeboten. Sie verwenden als Basiswert beispielsweise den *Deutschen Aktienindex DAX,* der aufgrund seiner Popularität mittlerweile der wichtigste Index am Börsenplatz Deutschland geworden ist.

Spekulation auf die Entwicklung von Indizes

Wer Index-Optionsscheine erwirbt, möchte auf die Entwicklung des Gesamtmarktes spekulieren, der durch den Index repräsentiert wird. Dabei gibt es zwei Möglichkeiten:

1. Der Anleger setzt auf steigende Kurse und erwirbt dementsprechend einen *Kauf-Optionsschein*. Diese Scheine tragen die Bezeichnung *Call-* oder *Bull Warrant* (man hofft dabei auf einen Bull Market, also auf Kursanstiege).

2. Der Anleger setzt auf fallende Kurse und ersteht folglich einen *Verkauf-Optionsschein*. Diese Scheine tragen die Bezeichnung *Put-* oder *Bear Warrant*.

Basispreis = bestimmter Indexstand

Als Basispreis des Optionsscheins wird ein bestimmter Indexstand festgelegt. Übt nun der Inhaber eines Call-Optionsscheins aus, weil der DAX über diesen Indexstand gestiegen ist, oder der Inhaber eines Put-Optionsscheins, weil der DAX unter diesen Wert gefallen ist, so hat er Anspruch auf Lieferung. Einziges Problem: Ein Index ist nicht effektiv lieferbar, und die in ihm enthaltenen Aktien im korrekten Mengenverhältnis zueinander zu liefern, das wäre viel zu kompliziert.

Deshalb behilft man sich mit einem Trick: Jeder Punkt, um den der Index steigen oder fallen kann, besitzt einen definierten Wert. Zum Beispiel kann ein Indexpunkt den Wert von 1 € haben. Übt nun ein Optionsscheininhaber aus, so erfolgt ein Differenzausgleich. Er erhält den €-Betrag gutgeschrieben, der sich aus der Punktedifferenz zwischen aktuellem Indexstand und Basis-Indexstand ergibt. Genau wie bei normalen Optionsscheinen hat die Dauer der Restlaufzeit einen großen Einfluss auf das *Agio*. Außerdem gilt es zu prüfen, ob in dieser Zeit eine realistische Chance besteht, dass diese Basis soweit über- oder unterschritten wird, dass eine profitable Ausübung möglich erscheint.

Selbstverständlich ist bei günstiger Kursentwicklung eine Ausübung nicht der einzige Weg, den Gewinn zu realisieren. Der Optionsschein kann an der Börse auch jederzeit – bei entsprechender Restlaufzeit sogar mit einem guten Aufgeld – weiterverkauft werden. Denn je mehr ein Schein in der Gewinnzone liegt, also die Chance zur profitablen Ausübung bietet (der Fachmann spricht von *im Geld),* desto höher wird er gehandelt.

Der Umgang mit Banken und Vermögensberatern

Auch Profis sind keine Hellseher

Wer sich für Aktien interessiert, wird das Gespräch mit dem Anlageberater seiner Bank suchen. Aufgrund seiner Aus- und Weiterbildung, seiner Erfahrung und der Informationen, die er aufgrund seiner Tätigkeit täglich erhält, leistet er die wichtigste Entscheidungshilfe. Nach dem Wertpapierhandelsgesetz ist er dazu verpflichtet, alle Wertpapierdienstleistungen mit Sorgfalt und Gewissenhaftigkeit im Interesse des Kunden zu erledigen. Das bedeutet insbesondere, dass er Sie über die Risiken der einzelnen Anlagealternativen aufklärt. Informationen müssen dabei in einer für den Anleger verständlichen Form gegeben werden. Da der tägliche Umgang mit Kunden, deren Wissensstand sich erheblich voneinander unterscheidet, oft dazu führt, dass zu viele Vorkenntnisse vorausgesetzt werden, zögern Sie nie, so lange zu fragen, bis Sie wirklich „durchblicken".

Anlageberatung bei der Bank

Eine maßgeschneiderte Anlagestrategie kann nur dann entwickelt werden, wenn der Berater Ihre persönlichen Voraussetzungen und Wünsche kennt.

- Soll kurz- oder langfristig disponiert werden?
- Planen Sie in nächster Zeit größere Anschaffungen?
- Sind Sie risikofreudig?
- Sind steuerliche Aspekte zu beachten?

Formulieren Sie Ihre Rahmenbedingungen und Anlageziele

Je genauer Sie Ihre Ausgangssituation beschreiben, desto effektiver wird die Empfehlung ausfallen.

Es lässt sich nicht ausschließen, dass sich im Laufe der Zeit wesentliche Voraussetzungen verändern, die den Kurs der erworbenen Wertpapiere beeinflussen. Für die Bank besteht in diesem Fall keine Überwachungs- oder Unterrichtungspflicht, es sei denn, dass dies ausdrücklich vereinbart wurde. Der Anleger ist selbst dafür verantwortlich, den Kursverlauf und die Marktumstände der von ihm erworbenen Papiere zu verfolgen.

Keine Erfolgs-garantie: Anlageempfeh-lungen von der Bank

Zwar ist der Anlegerschutz in den letzten Jahren immer weiter verbessert worden, wenn jedoch die Kursentwicklung einer Branche oder eines Unternehmens nicht so vorteilhaft ausfällt, wie dies zum Zeitpunkt des Beratungsgespräches prognostiziert wurde, so lässt sich daraus allein noch kein Anspruch gegen die Bank herleiten. Banken juristisch für Anlageempfehlungen, die zu Vermögensverlusten geführt haben, in Regress zu nehmen, erweist sich in der Praxis als außerordentlich schwierig. Um hier Aussicht auf Erfolg zu haben, bedarf es des Nachweises, dass nachteilige Empfehlungen *fahrlässig* gegeben wurden. Dies gelingt nur in den seltensten Fällen. So etwa dann, wenn bei der Emission einer neu an die Börse gebrachten Gesellschaft die Bonität der AG von den Banken des Emissionskonsortiums nicht hinreichend geprüft wurde. Um derartige Versäumnisse nachweisen zu können, braucht man in der Regel ein Durchhaltevermögen, das nur gut organisierte Interessenverbände betroffener Aktionäre aufbringen können.

Der Wertpapierberater der Bank wird im Laufe der Jahre für Sie zum Vertrauten in Vermögensangelegenheiten avancieren und – je nach Erfolg der gemeinsam durchgeführten Investments – zum geschätzten Ratgeber, in Einzelfällen zum geheimnisumwitterten „Magier". Hinter vorgehaltener Hand empfehlen Freunde einander Anlageberater, die angeblich immer einen „todsicheren Tipp" kennen. Geht man der Sache auf den Grund, so handelt es sich dabei meist um ein, zwei Gewinn bringende Transaktionen aus der jüngsten Vergangenheit.

In Wirklichkeit gilt gerade in diesem Bereich mehr als in anderen Berufen: Nobody is perfect! Auch die beste Ausbildung, die längste Erfahrung und die besten Kontakte bieten keine Gewähr für hellseherische Fähigkeiten. In Zeiten allgemeiner Aufwärtstrends fällt es Beratern leicht, gute Empfehlungen zu geben, da fast alle Aktien vom allgemeinen Aufschwung „mitgenommen" werden. Anleger, die durch diese Erfolgserlebnisse erste Gewinne erzielen, glauben, Tipps ihres Beraters böten auch in Zukunft die Garantie für dauerhafte und verlässliche Profite. Wenn jedoch viele Vermögensberater aufgrund fundierter Überlegungen und logischer Schlussfolgerungen an dasselbe glauben, führt gerade dies leicht zu einer gegenteiligen Marktbewegung.

Geraten Sie an einen Finanzprofi, der Ihnen auf dem Aktienmarkt langfristig unter zehn Empfehlungen sechs gibt, die Ihnen Gewinne bescheren, so können Sie mehr als zufrieden mit ihm sein.

Banken und ihr Eigeninteresse

Ihre Bank gibt sich sicher größte Mühe, Sie optimal zu betreuen, um Sie als zufriedenen Kunden langfristig an sich zu binden. Das entstehende Vertrauensverhältnis darf jedoch – genau wie bei allen anderen Geschäftsbeziehungen – nicht darüber hinwegtäuschen, dass Banken gewinnorientiert arbeiten und eigene Interessen haben, die sich mit Ihren nicht immer decken.

Kundenberater arbeiten nach klar definierten Umsatzzielen. Es existieren Vorgaben, welche Anlageformen derzeit verstärkt anzubieten sind. Dabei handelt es sich durchaus nicht immer um die rentabelsten Angebote, sondern häufig um hauseigene Investments, die bestimmte Absatzziele erreichen sollen. Filialen und Zweigstellen werden von der jeweiligen Zentrale anhand von Statistiken dazu angehalten, bei bestimmten Anlageformen vorgegebene Verkaufsquoten zu erreichen. So ist es verständlich, dass Berater ein großes Interesse haben, hauseigene Investmentfonds und Sparverträge an den Mann und die Frau zu bringen.

Nicht immer deckungsgleich: Bank- und Kundeninteresse

TIPP Der unentschlossene und unerfahrene Anleger ist am gefährdetsten, in schwer verkäufliche hauseigene Anlagen „abgedrängt" zu werden. Je besser Sie sich auf ein Beratungsgespräch vorbereiten, je genauer Sie wissen, was Sie wollen, und je selbstbewusster Sie auftreten, desto eher erhalten Sie das für Sie optimale Angebot.

Gut vorbereitet ins Beratungsgespräch

Auch im Falle von Aktienneuemissionen stehen Bank- und Kundeninteresse einander häufig entgegen. Die Emissionsbanken versuchen hier zunächst einmal alles, um für die Gesellschaft, die sie an der Börse einführen, den höchstmöglichen Emissionspreis herauszuholen. Der Anlagekundschaft werden die neuen Aktien mit großem Werbeaufwand zur Zeichnung per Erscheinen offeriert. Stellt sich später im Handel der Emissionspreis als überhöht heraus, so reicht es oft nicht einmal für eine entsprechende Kurspflege (beispielsweise *Stützungskäufe)*.

Häufig wird außerdem die Befürchtung geäußert, zwischen dem Wertpapiereigenbestand der Banken und der Beratungstätigkeit gegenüber Kunden sei ein starker Interessenkonflikt unvermeidbar. Viele Anleger gehen sogar davon aus, es sei für Banken ein Leichtes, eigene Aktienbestände aufzubauen, um anschließend durch gezielte Kundenberatung den Kurs derart zu manipulieren, dass hohe Gewinne erzielt würden. In der Tat ist es gewiss unwahrscheinlich, dass massiv von einem Engagement in einer Aktie abgeraten wird, die im Eigenbestand der Bank liegt. Man sollte diese Gefahr aber nicht überbewerten. Vor regelrechten Manipulationen ist man relativ sicher. Sie würden sich nämlich wegen der Vielzahl beteiligter Mitarbeiter auf Dauer kaum verheimlichen lassen.

Auch in Bankkreisen hat sich längst herumgesprochen, dass imageschädigende Vorfälle weit schwerer wiegen als möglicherweise auf kurze Sicht erzielbare Gewinne. Kein Institut wird es riskieren, seine Kunden durch manipulative Fehlberatungen im Wertpapiersektor langfristig zu verärgern. Schließlich hat man nicht nur sein Depot, sondern in der Regel weitere Konten beim gleichen Institut.

Was kostet es, Aktien zu besitzen?

Voraussetzung: Giro- oder Sparkonto

Um ein Wertpapierkonto einrichten zu können, ist zunächst einmal ein *Geldkonto* erforderlich, über das Gutschriften und Belastungen gebucht werden. Dies wird in der Regel das persönliche Girokonto des Anlegers sein, für das die üblichen *Kontoführungsgebühren* der jeweiligen Bank erhoben werden. Viele Banken sind jedoch auch bereit, die entsprechenden Buchungen über ein Sparkonto abzuwickeln. Über das Guthaben kann in diesem Fall nur im Rahmen der vereinbarten Kündigungsfristen verfügt werden, wenn die Zahlung von Vorschusszinsen vermieden werden soll.

Sämtliche Gutschriften, beispielsweise im Falle von Dividendenzahlungen oder bei Aktienverkäufen, sowie die Belastungen, beispielsweise beim Kauf von Aktien, werden über dieses Konto abgewickelt. Es wird oft als *Erträgniskonto* bezeichnet.

Wertpapierkonto

Für die Aktien selbst wird ein *Wertpapierkonto, Depot* oder *Portefeuille* genannt, eingerichtet. Die *Depotführungsgebühren* können von Bank zu Bank variieren.

TIPP Der Vergleich zwischen verschiedenen Instituten hilft, Kosten zu sparen. Für junge Leute, die sich noch in der Ausbildung befinden, gibt es oft besonders günstige Einstiegsangebote.

Depotführungsgebühren

Die Höhe der Gebühren bemisst sich nach der Zahl der Posten und nach der Höhe des gesamten Depotwertes und wird meist zum Jahresultimo in Rechnung gestellt.

Jeder Börsenauftrag, ob Kauf oder Verkauf, kostet *Provision*. Bei Aktien beträgt die Provision in der Regel 1 Prozent des Kurswertes, und zwar sowohl für den Käufer als auch für den Verkäufer. Die meisten Banken legen eine Minimumgebühr zu Grunde, sodass Kleinstaufträge besonders stark belastet werden.

Kosten bei Aktienkauf oder -verkauf: Provision ...

Da die Banken Wertpapierkäufe und -verkäufe über Börsenmakler abwickeln, wird für jede Transaktion die *Maklercourtage* fällig (Ausnahme: elektronisches Handelssystem Xetra). Sie beträgt für Aktien zur Zeit 0,6 Promille des ausmachenden Betrages.

... und Maklercourtage

Die meisten Banken berechnen darüber hinaus pro Auftrag einen *pauschalen Spesensatz* für sonstige Abwicklungskosten.

Der Erwerb von *ausländischen Aktien* verursacht in der Regel weit höhere Transaktionskosten, da die Banken sich hierbei der Hilfe ausländischer Partnerinstitute bedienen müssen und die entstehenden Kosten voll an den jeweiligen Kunden weitergeben. Deshalb sollte der Anleger stets prüfen, ob die entsprechende Auslandsaktie an einer deutschen Börse bereits in € notiert wird. Der Erwerb verursacht dann erheblich geringere Kosten als der Kauf über eine Auslandsbörse.

Manche Anleger werden auf alten Wertpapierabrechnungen noch die so genannte *Börsenumsatzsteuer* finden. Sie wurde inzwischen abgeschafft.

Vermögensberatung und -verwaltung

Banken sind nicht nur darauf eingerichtet, Kunden bei Kapitalanlagen zu beraten. Im Rahmen von *Vollmachtsdepots* kann man die Geldanlage auch komplett delegieren. In der Regel ist dazu jedoch ein gewisses Mindestvermögen Voraussetzung. Während die fachliche Beratung auf Verlangen jedem Depotkunden zur Verfügung steht, setzt eine intensive und aktive Beratung, bei der die Bank sich auch unaufgefordert und kontinuierlich bemüht, erst bei einem Anlagevolumen von zirka 100.000 € ein. Eine komplett an die Bank delegierte Vermögensverwaltung wird – je nach Institut – ab etwa 250.000 € angeboten. Diese Größenordnungen geben nur grobe Anhaltspunkte. Sie differieren je nach Institut. Im Falle besonderer persönlicher Voraussetzungen (zum Beispiel bei längerem Auslandsaufenthalt) lassen sich gelegentlich auch abweichende individuelle Vereinbarungen treffen.

Vollmachtsdepot

Neben den Banken befassen sich auch zahlreiche private Depotverwalter mit der treuhänderischen Verwaltung von ihnen anvertrauten Geldern. Bevor Sie sich Gedanken darüber machen, sich in Vermögensangelegenheiten beraten, ihr Erspartes vielleicht sogar verwalten zu lassen, sollten Sie wissen, dass die Berufsbezeichnungen *Vermögensberater* und *Vermögensverwalter* in keiner Weise geschützt sind. Jeder kann und darf sich als solcher bezeichnen. Eine nachgewiesene Qualifikation ist damit nicht verbunden.

Private Vermögensverwalter

Grundsätzlich wollen natürlich alle Ihr Bestes – Ihr Geld nämlich. Und deshalb sollten Sie sich zunächst genau über die Person und ihre fachliche Kompetenz informieren. Zögern Sie nicht, entsprechende Referenzen einzuholen.

Für die Verwaltung von Vermögen muss in jedem Fall ein schriftlicher Vertrag geschlossen werden, der folgende Bestandteile enthält:

Darauf sollten Sie achten!

- Die Vollmachten des Verwalters nach Umfang und Art sollten präzise geregelt sein. Das bedeutet insbesondere, dass die Art der vereinbarten *Risikopräferenz* (von *defensiv* bis *hochspekulativ*) genau festgelegt wird. Sonst wird es im Falle eventueller Vermögensverluste schwer sein, dem Verwalter Kompetenzüberschreitungen nachzuweisen.
- Der Vermögensverwaltungsvertrag muss kurzfristig kündbar sein.
- Die Fixkosten für die Verwaltung sollten 1 Prozent des durchschnittlich eingesetzten Kapitals pro Jahr nicht übersteigen.
- Weitere Zahlungen vereinbart man am besten als Erfolgshonorar, also als Beteiligung am tatsächlichen Vermögenszuwachs. Dabei müssen anfallende Verluste vorgetragen werden.

Die Erfahrung zeigt, dass für Vermögen unter 250.000 € individuelle Vermögensverwaltungen meist teurer sind als die Anlage in Eigenregie.

Vorsicht angesagt: Allfinanzdienstleister

In den letzten Jahren werden Kapitalanlagen immer häufiger von so genannten *Allfinanzdienstleistern* verkauft. Hierbei handelt es sich um Berater, die – meist bei einem Hausbesuch – eine komplette Angebotspalette offerieren. Von Investmentfonds über Versicherungen bis hin zu Immobilien- und Kreditvermittlungen können sie alles bieten. Hierbei gilt, was bei allen Vertretertätigkeiten Usus ist: Gearbeitet wird auf Provisionsbasis. Diese Provision bezahlt der Kunde mit. Außerdem müssen Sie damit rechnen, dass man Ihnen neben einer Geldanlage gern noch die eine oder andere Versicherung verkaufen möchte. Im Anlagebereich kann der Allfinanzdienstleister Ihnen aber kaum etwas bieten, das Sie nicht bei Ihrer Bank bekämen. Auch die fachliche Qualifikation der Vertreter lässt leider häufig zu wünschen übrig.

Feilschen gehört zum Geschäft – auch Banken lassen mit sich handeln

Je mehr Bankdienstleistungen Sie in Anspruch nehmen, desto höher die Gebührenflut, die auf Sie zukommt. So freut sich denn auch Ihre Bank über jede Ausweitung des Geschäftskontaktes. Am liebsten sind ihr die Kunden, die sie auf möglichst vielen Ebenen an sich binden kann. Unter dem Sammelbegriff *Universalgeschäft* soll für jeden ein möglichst dichtes Netz aus Giro-, Spar-, Depot-, Finanzierungs-, Versicherungs- und sonstigen Leistungen geknüpft werden. Je mehr dieser Sparten abgedeckt sind, desto wertvoller werden Sie für Ihre Bank.

Angesichts der erheblichen Gebühren, die gerade im Bereich der *Depotführung* anfallen, liegt es nahe, darüber zu verhandeln, ob günstigere Konditionen möglich sind. Denn hier handelt es sich durchaus nicht um Festpreise. Viele Berater versuchen, verhandlungswillige Kunden mit dem Argument abzuspeisen, Gebührenkonditionen seien in der bankinternen EDV unveränderlich vorgegeben. Dass dies nicht so ist, zeigen Sonderkonditionen, die insbesondere kapitalkräftige Anleger erfolgreich aushandeln. Die Höhe der *Provision* beim Kauf oder Verkauf von Aktien – normalerweise 1 Prozent des Kurswertes – hat schon mancher auf 0,7 Prozent, Großkunden gelegentlich noch weiter drücken können. Feilschen kann sich also durchaus lohnen, sobald Sie ein Anlagevermögen beisammen haben, das Sie auch für die Bank als Kunden überdurchschnittlich interessant erscheinen lässt.

Depotführungs-gebühren sind Verhandlungs-sache

Dabei gilt die Regel: Je größer das angelegte Kapital und je umfangreicher die Palette der Bankdienstleistungen, die Sie nutzen, desto größer ist Ihr Verhandlungsspielraum.

TIPP Auch der Hinweis, dass mehrere Familienmitglieder ihre Konten im gleichen Institut unterhalten und man ohnehin in der Familie eine koordinierte Vermögensplanung und -verwaltung anstrebe, kann Wunder wirken. Erfahrene Anleger, die gewohnt sind, Dispositionen weitgehend auf der Grundlage eigener Informationen zu treffen, können glaubwürdig ins Feld führen, dass die günstigeren Depotführungsgebühren der Discountbroker für sie eine mögliche Alternative darstellen.

Nicht nur Gebührensätze, auch einzelne Anlagetransaktionen bieten manchmal Verhandlungsspielraum. So kann es beispielsweise beim Kauf von Investmentanteilen vereinzelt möglich sein, auch als *Wiederanlage-* Neueinsteiger günstigere Wiederanlagekonditionen zu erhalten, *konditionen* wenn es sich um erhebliche Volumina handelt.

Bevor es jedoch ans Aushandeln von Sonderkonditionen geht, stellen Sie zunächst einmal sicher, dass über die üblicherweise in Rechnung gestellten Gebühren Klarheit herrscht. Die Gebührenmodelle der Großbanken sind nämlich derart komplex strukturiert, dass selbst die Kundenberater manchmal den Überblick verlieren.

Das *Hamburger Abendblatt* führte im Juni/Juli 1995 einen Test durch: Ein fiktives Depot im Wert von 100.000 DM, bestehend aus verschiedenen Anleihen, Aktien und Investmentfondsanteilen, sollte aufgebaut werden. In insgesamt 15 Zweigstellen der fünf größten Banken am Ort ließ man die Kosten für Kauf und Verwaltung der Wertpapiere ermitteln. Kein Berater war in der Lage, die Preise zu nennen, die dem Kunden tatsächlich später in Rechnung gestellt werden. Das ist kein böser Wille, sondern die Folge einer immer undurchschaubarer gewordenen Gebührenpolitik. Es ergab sich, dass bei der Vorausberechnung der zu erwartenden Kosten durchweg zu niedrige Ergebnisse genannt wurden. Die Berater verrechneten sich also zu Gunsten des Kunden. Beruft sich dieser später darauf, so liegt die Beweislast bei ihm. In der Regel hat jedoch nur ein mündliches Beratungsgespräch ohne Zeugen stattgefunden.

Lassen Sie sich **TIPP** Die Bank ist an Konditionen gebunden, die im Beratungsge-
ausgehandelte spräch vereinbart wurden, auch wenn diese von den Geschäftsbe-
Gebühren schrift- dingungen und den Preisaushängen abweichen. Da aber die Beweis-
lich bestätigen! last beim Kunden liegt, sollten Sie sich alle Vereinbarungen, die von den Geschäftsbedingungen abweichen, schriftlich bestätigen lassen.

Discountbroker

Wem die Gebühren seiner Bank zu hoch erscheinen, der wird sich für seine Wertpapiere nach einer günstigeren Depotbank umsehen. Im Zuge der Segnungen des gemeinsamen Marktes gibt es nun auch in Deutschland eine günstigere Möglichkeit, ein Wertpapierdepot zu führen, die im Ausland schon seit langem bekannt ist.

Unter dem Sammelbegriff *Discountbroker* werden diejenigen Unternehmen zusammengefasst, die Anlegern eine günstige Depotführung anbieten. Ihre Arbeitsweise ist der so genannter Direktversicherer vergleichbar. Kostenvorteile werden nämlich dadurch erwirtschaftet, dass – im Gegensatz zu klassischen Bankhäusern – kein Filialnetz und somit kein entsprechender Personalaufwand betrieben wird. Den Discountbroker erreicht man nur per Telefon, per Fax oder online.

Vorteil: günstige Depotführung

Dies hat aber auch zur Folge, dass eine individuelle Beratung oder gar ein Eingehen auf persönliche Verhältnisse, steuerliche Voraussetzungen oder dergleichen meist ausgeschlossen ist. Es kann nicht einmal gewährleistet werden, dass der Kunde in jedem Falle telefonisch stets mit ein und derselben Bezugsperson zu tun hat. Der Kostenvorteil wird also größtenteils durch den Wegfall der Beratung teuer erkauft, denn sinnvoll ist ein solches Vorgehen nur für denjenigen, der bereits über einen derart fundierten Marktüberblick verfügt, dass er in der Lage ist, Entscheidungen über Käufe und Verkäufe selbstständig zu treffen und die reinen Orders über Telefon, Fax oder online an den Broker durchzugeben.

Nachteil: keine individuelle Beratung

Außerdem ist zu bedenken, dass die Unterhaltung eines Depots bei einem Discountbroker stets auch mit der Pflicht verbunden ist, dort ein Konto zu führen, über das sämtliche Auszahlungen und Gutschriften abgewickelt werden. Ein derartiges Vorgehen lohnt sich in der Regel nur für diejenigen Anleger, die häufig umdisponieren, die also als so genannte *Trader* ihre Posten je nach aktueller Markteinschätzung häufig wechseln.

Außerdem sieht sich der Kunde eines solchen Brokerhauses in vielen Fällen einem recht aggressiven Telefonmarketing ausgesetzt, das nicht mit Beratung gleichgesetzt werden darf. Das Interesse eines solchen Brokers besteht nämlich allein darin, möglichst viele Bewegungen im Depot hervorzurufen, denn nur daran verdient er profitabel. Dabei ist es ihm weitgehend gleich, was da nun im Einzelnen ge- oder verkauft wird. Hauptsache Umsatz.

Vorsicht, Falle!

Seit einigen Jahren findet man im Anlagebereich, unter anderem auch bei Aktieninvestmentfonds, eine Vielzahl neuer Angebote. Dies ist einerseits eine Folge der zunehmenden Öffnung des europäischen Wirtschaftsraums. Die daraus resultierende Vielfalt ist sicher zu begrüßen. Andererseits tauchen immer wieder schwarze Schafe am Markt auf. Anleger werden mit verführerisch hohen Renditeversprechungen angelockt. Und zunächst werden tatsächlich enorme Erträge ausgeschüttet. Wo liegt das Geheimnis solcher Unternehmen?

Vorsicht bei traumhaft hohen Gewinnversprechen

Die ersten Investoren erhalten tatsächlich eine überdurchschnittliche Gewinnausschüttung, sind begeistert und geben die Empfehlung im Bekanntenkreis weiter. Solange die Zahl neuer Anleger ständig wächst, ist es kein Problem, aus deren hinzugewonnenen Einzahlungen überhöhte Gewinne an die bereits vorhandenen Anteilseigner auszuzahlen. Der Fachmann spricht vom so genannten Schneeballsystem. Dieses kommt wie ein Kettenbrief zum Erliegen, sobald die Zahl neuer Anleger zurückgeht. In diesem Moment verschwinden dann häufig sämtliche Mitarbeiter solcher Anbieter und mit ihnen die Ersparnisse vieler Gutgläubiger.

TIPP Seien Sie äußerst misstrauisch, wenn Ihnen von Anlageberatern, die Ihnen nicht seit langem bekannt sind, Traumrenditen garantiert werden. Spätestens bei zugesicherten Erträgen von mehr als 12 Prozent pro Jahr sollten Sie vorsichtig werden. Auch gute Erfahrungen Ihrer Bekannten sind kein Garant.

Das Finanzamt kassiert mit

Wann immer Einnahmen anfallen, sei es durch Erwerbseinkommen, Erbschaft, Zinsen oder Dividenden, verlangt stets auch der Finanzminister seinen Teil. Besteuerung ist eine sehr persönliche Angelegenheit, die von einer Vielzahl individueller Gegebenheiten abhängt. Steuerberatung ist daher Sache des Fachmanns. Hier sollen deshalb nur einige grundlegende Begriffe erläutert werden, die im Zusammenhang mit der Aktienanlage eine Rolle spielen.

Ein Fall für den Fachmann: Steuerberatung

Zu warnen ist in jedem Fall vor Anlagen, die ausschließlich mit Steuervorteilen werben. Jede Investition muss zunächst einmal steuerunabhängig eine tragfähige Rentabilität erzielen. Steuervorteile sind dann ein willkommener Zugewinn. Zumal viele so genannte Steuermodelle die steuerliche Belastung nicht wirklich vermeiden, sondern nur auf einen späteren Zeitpunkt verschieben.

Kapitalertragsteuer und Freistellungsauftrag

Jeder Ertrag aus angelegtem Kapital ist in der Bundesrepublik steuerpflichtig. Dabei ist es egal, ob es sich um Zins- oder Dividendengutschriften handelt. Jeder Person wird jedoch dafür ein jährlicher *Freibetrag* zugestanden. Bis zu dieser Höhe werden von Kapitalerträgen keine Steuern abgezogen. Voraussetzung dafür ist, dass Sie Ihrer Bank einen so genannten *Freistellungsauftrag* geben. (Ein entsprechendes Formular erhalten Sie bei Ihrem/n Kreditinstitut/en.) So kann der Steuerabzug vermieden werden, bis der Freibetrag ausgeschöpft ist. Unterhalten Sie Guthaben bei mehreren Banken, so können Sie Ihren Freibetrag aufteilen und mehrere Freistellungsaufträge geben. Die Summe aller Aufträge darf pro Person die Freibetragsgrenze nicht überschreiten.

Freibetrag und Freistellungsauftrag

TIPP Haben Sie die Abgabe eines Freistellungsauftrages in vorangegangenen Jahren versäumt, so können Sie dies in den entsprechenden Steuererklärungen nachträglich geltend machen. Sie benötigen dazu von Ihrem/n Kreditinstitut/en eine Steuerbescheinigung über sämtliche in einem Kalenderjahr angefallenen Kapitalerträge.

Körperschaftssteuer

Vermerk über die anrechenbare Körperschafts-steuer

Zahlt eine Aktiengesellschaft Dividende, so finden Sie auf dem Gutschriftsbeleg, den Ihre Bank/en Ihnen nach der Ausschüttung zuschickt/en, einen Vermerk über die anrechenbare *Körperschafts-steuer*. Die Aktiengesellschaft wird nämlich im Amtsdeutsch als *Körperschaft* bezeichnet. Und sie hat ihre erzielten Gewinne bereits versteuern müssen, bevor sie einen Teil davon als Dividende ausschütten konnte. Die Steuer, die die AG hat zahlen müssen, heißt Körperschaftssteuer.

Wenn Sie nun Ihre Dividendeneinkünfte als Ertrag versteuern müssen, hätte das letztlich zur Folge, dass derselbe Gewinn zweimal versteuert würde. Dies auszugleichen ist Zweck der Ihnen anzurechnenden Körperschaftssteuergutschrift. Sie vermindert Ihre Steuerlast um den Betrag, der bereits von der Gesellschaft abgeführt werden musste.

Spekulationsgewinn

Wann Sie Spekulations-gewinne ver-steuern müssen

Wenn es Ihnen gelingt, Aktien zu einem günstigen Kurs zu kaufen und anschließend zu einem höheren Kurs zu veräußern, so realisieren Sie einen Kursgewinn. Kursgewinne sind steuerfrei. Allerdings nur dann, wenn zwischen Kauf und Verkauf die gesetzliche Spekulationsfrist verstrichen ist. Ist dies nicht der Fall, so ist der erzielte *Spekulationsgewinn* zu versteuern, sofern er die pro Veranlagungsjahr gewährte gesetzliche Freigrenze übersteigt. Diese Freigrenze darf jedoch nicht mit einem Freibetrag verwechselt werden. Fallen Spekulationsgewinne an, die aufsummiert die gesetzliche Freigrenze übersteigen, so sind sie insgesamt (also auch der Betrag innerhalb der Freigrenze) steuerpflichtig. Im gleichen Zeitraum realisierte Spekulationsverluste können gegen Spekulationsgewinne steuerlich aufgerechnet werden.

TIPP Die gesetzliche Spekulationsfrist sollten Sie bei Ihrer Anlageplanung stets berücksichtigen. Sind Sie überzeugt, momentan sei der optimale Zeitpunkt zum Verkauf, sollte nicht des steuerlichen Aspekts wegen die Frist abgewartet werden. Die Kurse könnten nämlich bis dahin zu Ihren Ungunsten fallen. Besser ist es dann, den Kursgewinn zu realisieren und entsprechend zu versteuern.

Optionen und Futures –
auch die Zukunft ist käuflich

Die *Deutsche Terminbörse* – kurz *DTB* –, die im Jahr 1990 den Handelsbetrieb aufnahm, war die erste vollcomputerisierte Börse der Bundesrepublik. Inzwischen ist sie Teil der europäischen Terminhandelsplattform EUREX. Hier werden so genannte Terminkontrakte gehandelt. Man nennt sie deshalb so, weil – im Gegensatz zum Kassahandel – die Erfüllung der Geschäfte (Zahlung und Lieferung) zu einem späteren Zeitpunkt erfolgt. Je nach Laufzeit kann dieser Termin viele Monate in der Zukunft liegen.

EUREX: Plattform für den Handel mit Terminkontrakten

Die Börsenteilnehmer sind durch ein elektronisches Netzwerk miteinander über einen Zentralrechner verbunden und können von Bildschirmterminals von ihren Büros aus in Sekundenschnelle Geschäfte abschließen. Die gleichzeitige automatische Abwicklung, das so genannte *Clearing* der Geschäfte, ist vollständig in das *EUREX*-System integriert.

Man unterscheidet zwei Hauptgruppen von Terminkontrakten:

Terminkontrakte

1. *Optionen* verbriefen das Recht, aber nicht die Pflicht, innerhalb oder am Schluss eines bestimmten Zeitraums eine festgelegte Menge eines Basiswertes *(Underlying)* zu einem im Voraus vereinbarten Basispreis vom Optionsverkäufer *(Stillhalter)* zu kaufen *(Kaufoption, Call)* oder an ihn zu verkaufen *(Verkaufsoption, Put)*. Für die Gewährung dieses Rechtes zahlt der Optionskäufer dem Stillhalter einen Preis, die *Optionsprämie*.

2. Bei *Futures* gehen Käufer und Verkäufer eine feste Verpflichtung ein, bei Ablauf einer vereinbarten Frist die dem Geschäft zu Grunde liegende Menge eines Basiswertes zu kaufen beziehungsweise zu liefern.

Neben etlichen Terminkontrakten zur Abdeckung des kurz-, mittel- und langfristigen Zinsmarktes werden an der *EUREX* Optionen und Futures gehandelt, die für den Bereich der Aktienanlage von besonderem Interesse sind:

Optionen und Futures

- Optionen auf ausgewählte Aktien
- Index-Optionen
- Index-Futures

Alle Kontrakte sind hinsichtlich Volumen, Laufzeit und weiterer Spezifikationen standardisiert. Auf diese Weise findet man an der *EUREX* für alle Optionen und Futures stets einen liquiden Markt. So genannte *Market-Maker* sorgen dafür, dass für alle *EUREX*-Kontrakte stets Geld- und Briefkurse *(Quotes)* zur Verfügung stehen. Möchte man also während der Laufzeit die eingegangene Kauf- oder Verkaufsposition durch ein entsprechendes Gegengeschäft glatt stellen, so ist das umgehend möglich.

Risikokompensation durch Terminkontrakte: ...

Terminkontrakte werden im Rahmen der Aktienanlage in erster Linie eingesetzt, um bestehende oder geplante Aktienbestände gegen unerwünschte Markttendenzen abzusichern *(Hedging)*. Sie lassen sich aber auch spekulativ einsetzen, um prognostizierte Kursänderungen profitabel zu nutzen.

... ein Fall für Aktienprofis

Die Risiken, aber auch die Chancen des Terminmarktes sind um ein Vielfaches höher als am Kassamarkt. Der Umgang mit Optionen und Futures ist für unerfahrene Aktienanleger zunächst derart komplex, dass dringend dazu geraten werden muss, sich mit der Materie sorgfältig vertraut zu machen, bevor daran gedacht werden kann, Terminkontrakte im Rahmen des privaten Anlagemanagements einzusetzen.

Es würde den Rahmen dieses Buches bei weitem sprengen, die Handhabung von Terminkontrakten im Detail zu erläutern. Die folgenden Kurzbeschreibungen einzelner Optionen und Futures können daher nur einen ersten Einblick vermitteln.

TIPP Die *EUREX* hält ausgezeichnete Informationsbroschüren über alle dort gehandelten Kontrakte bereit. Hier erhalten Sie auch die jeweils gültigen Kontraktspezifikationen. Wenn Sie sich für den Terminhandel und die Einsatzmöglichkeiten im Rahmen der Aktienanlage interessieren, ist die Teilnahme an Seminaren der Deutschen Börse sehr zu empfehlen. Es werden Jahr für Jahr verschiedene Schulungen angeboten, die – je nach Wissensstand – aufeinander aufbauen. Außerdem hat die *Deutsche Börse* verschiedene interaktive Lernprogramme für den PC entwickelt, die ein Selbststudium ermöglichen. Informationen gibt die *Deutsche Börse AG* in Frankfurt am Main.

Aktienoptionen

An der *EUREX* werden *Kauf-* und *Verkaufsoptionen* auf die 30 im DAX enthaltenen Werte sowie auf weitere ausgewählte Aktien großer europäischer Gesellschaften gehandelt. Die Palette der Basiswerte *(Underlyings)* ist durch die Aufnahme weiterer Aktiengattungen seit Handelsbeginn ständig erweitert worden. Jede Aktienoption lautet auf eine standardisierte Stückzahl des zu Grunde liegenden Basiswertes. *DTB*-Aktienoptionen sind so genannte *amerikanische* Optionen. Das bedeutet, dass der Käufer sein Optionsrecht während der gesamten Laufzeit ausüben kann. Er kann aber, wenn sich seine Kursprognose bewahrheitet hat und der Optionspreis gestiegen ist oder wenn er keine Risikoposition mehr absichern möchte, aus seinem Kontrakt jederzeit wieder aussteigen, indem er sich durch den Verkauf einer ebensolchen Option glatt stellt. Ebenso kann der Optionsverkäufer *(Stillhalter)* sich jederzeit glatt stellen, indem er eine gleichartige Option kauft.

Die im Vergleich zur zu zahlenden Optionsprämie starke Hebelwirkung der Optionen führt bei verhältnismäßig geringem Kapitaleinsatz zu hohen Chancen, verbunden mit entsprechenden Risiken. Der Käufer einer Option ist nicht verpflichtet, sein Optionsrecht auszuüben. Er kann die Option verfallen lassen. In diesem Fall ist die gezahlte Optionsprämie verloren. Sein Risiko ist damit auf die Höhe der Optionsprämie beschränkt. Der Stillhalter bekommt zwar die Optionsprämie, ist aber verpflichtet, für den Fall der Ausübung die vereinbarte Leistung (Verkauf oder Kauf) zu erbringen. Sein Risiko ist daher, sofern er sich nicht durch ein Gegengeschäft zwischenzeitlich glatt stellt, bis zum Ende der Laufzeit nahezu unbegrenzt.

Handel mit Kauf- und Verkaufsoptionen

Spielregeln für den Handel mit Aktienoptionen

Chancen und Risiken

Beispiel:
Anleger A erwirbt eine Kaufoption über 50 Muster-AG-Aktien zum Basispreis von 200 €. Dafür zahlt er einen Optionspreis von 10 € pro Stück. Steigt der Aktienkurs auf über 210 €, so befindet er sich in der Gewinnzone. Steigt der Kurs auf 220 €, so beträgt sein Gewinn pro Aktie 10 €. Das sind bei 50 Aktien 500 € oder – verglichen mit dem eingesetzten Optionspreis – 100 Prozent. Durch die Hebelwirkung der Option steigt die Gewinnchance, gemessen am eingesetzten Kapital, in Relation zu den Kursbewegungen am Kassamarkt überproportional an.

Der Käufer einer Kaufoption *(Long Call)* hofft auf steigende Kurse, der Verkäufer *(Short Call)* auf fallende. Bei der Verkaufsoption verhält es sich umgekehrt. Hier profitiert der Käufer *(Long Put)* von fallenden Kursen, der Verkäufer *(Short Put)* hofft auf steigende Kurse. Entsprechend lassen sich zum Beispiel vorhandene Aktienbestände gegen befürchtete Kursrückgänge durch den Kauf einer Verkaufsoption absichern, ohne dass die Aktien selbst verkauft werden müssen. Fällt der Kurs, so stehen den Verlusten im Aktienbestand Gewinne aus der Optionsposition entgegen.

Optionswert = innerer Wert plus Zeitwert

Der Wert einer Option setzt sich aus ihrem *inneren Wert* und ihrem *Zeitwert* zusammen. Der innere Wert, der vom jeweiligen Kassakurs des Basiswertes abhängt, wird als *in the money* bezeichnet, wenn die profitable Ausübung des Optionsrechtes möglich ist. Ist die Option *at the money*, ist eine Ausübung plus/minus null möglich. Ist die Option *out of the money*, so wäre eine Ausübung verlustreich. Zusätzlich wird für die Chance, dass die Option innerhalb der verbleibenden Restlaufzeit weiteres Gewinnpotenzial haben könnte, meist ein Zuschlag, der *Zeitwert,* bezahlt. Daher ist der Optionspreis in der Regel höher als der innere Wert. Weil die Chancen mit abnehmender Restlaufzeit immer geringer werden, sinkt der Zeitwert bis zum Verfalltag immer weiter ab.

Index-Optionen

Basiswert: Aktienindex

Basiswert von *Index-Optionen* ist ein *Aktienindex* wie z.B. der DAX oder der Euro-Stoxx-50. Da ein Index ein synthetischer Basiswert ist, kann er bei Ausübung der Option nicht effektiv geliefert werden. Man behilft sich hier mit einem so genannten *Barausgleich.* Pro Punkt des *Indexes* wird ein so genannter *Indexmultiplikator* in Euro zu Grunde gelegt. Anders gesagt: Jeder Optionskontrakt ist so viel wert, wie das Produkt aus aktuellem Indexstand und Indexmultiplikator.

Spekulation auf die Entwicklung des Gesamtmarktes

Der beim Barausgleich zu zahlende Betrag ergibt sich aus der Differenz zwischen dem vereinbarten Basisindexstand und dem Indexstand bei Ausübung malgenommenen mit dem Indexmultiplikator. Der Käufer einer *DAX*-Kaufoption *(Call)* hofft darauf, dass die Aktienkurse des gesamten Marktes steigen. Er erwirbt durch die Zahlung des Optionspreises das Recht, nicht aber die Verpflichtung, sich durch Ausübung des Optionsrechtes die Differenz, um die der Indexstand gegenüber dem vereinbarten Basisindexstand gestiegen ist, auszahlen zu lassen.

Umgekehrt profitiert der Käufer einer *DAX*-Verkaufsoption *(Put)* davon, wenn der Index unter die vereinbarte Basis sinkt. Er erhält bei Ausübung vom Verkäufer der Option *(Stillhalter)* den Betrag, um den der Indexstand unter der Basis notiert.

Wie bei Aktienoptionen hofft der Verkäufer einer Kaufoption auf fallende Kurse, der Verkäufer einer Verkaufsoption hingegen wünscht sich steigende Kurse.

Wie bei Aktienoptionen ist das Risiko des Optionskäufers auf die Höhe der bezahlten Optionsprämie begrenzt. Gehen seine Erwartungen nicht in Erfüllung, so kann er den Kontrakt wertlos verfallen lassen. Demgegenüber ist das Risiko des Stillhalters nahezu unbegrenzt.

Die *Index*-Optionen bieten die Möglichkeit, sich gegen unerwünschte Kursveränderungen des Gesamtmarktes zu „versichern". Ist man beispielsweise vom besonderen Kurssteigerungspotenzial einer bestimmten Aktie überzeugt, befürchtet aber, dass auch diese bei einer Schwäche des gesamten Marktes mit in die Tiefe gezogen werden könnte, so kann man sich durch den Kauf einer *Index*-Verkaufsoption absichern. Sinken die Kurse auf breiter Front und mit ihnen auch der Index, so stehen den Verlusten aus der allgemeinen Markttendenz die Gewinne aus der Optionsposition entgegen. Hat sich die gehaltene Aktie besser als der Marktdurchschnitt gegen den Rückgang behaupten können, ergibt sich per Saldo ein Gewinn.

Im Gegensatz zu den Aktienoptionen sind *Index*-Optionen in der Regel *europäischen* Typs. Das bedeutet, dass der Käufer sein Optionsrecht nicht während der gesamten Laufzeit, sondern erst an deren Ende ausüben kann. Eine jederzeitige Glattstellung der eingegangenen Position ist, genau wie bei Aktienoptionen, durch den Abschluss eines genau entgegengesetzten Geschäftes aber jederzeit während der gesamten Laufzeit möglich.

Wer profitiert wann bei Index-Optionen?

Index-Futures

Beim *Index-Future* einigen sich zwei Vertragsparteien, ein standardisiertes Vielfaches des zu Grunde liegenden Aktienindexes zu einem im Voraus festgelegten Future-Preis (also einem im Voraus vereinbarten Basisindexstand) an einem zukünftigen Erfüllungstermin zu kaufen (Käufer des Futures, *Long Position)* oder zu liefern (Verkäufer des Futures, *Short Position).*

Long Position und Short Position

Als Kontraktwert wird ein bestimmter Euro-Betrag pro Indexpunkt definiert. Am Ende der Laufzeit erfolgt ein Barausgleich, da der Index als abstrakter Wert nicht effektiv lieferbar ist.

Auch bei *Index*-Futures haben sowohl Käufer als auch Verkäufer die Möglichkeit, sich jederzeit durch Abschluss eines entsprechenden Gegengeschäftes glatt zu stellen. In der Praxis werden die wenigsten Long- oder Short-Positionen bis zum Ende der Laufzeit gehalten. Die meisten Investoren stellen sich vorher glatt. Die tatsächliche Erfüllung, also die Lieferung und Abnahme, kann so ausgeschlossen werden. Übrig bleiben dann nur die aus den unterschiedlichen Einstandskursen resultierenden Gewinne oder Verluste.

Steigen die Kurse am Kassamarkt und somit der *Index,* so steigt in der Regel auch der Preis des Futures. Sinken die Kassakurse, so sinkt entsprechend der Preis des Futures. Damit bieten *Index*-Futures die Möglichkeit, den repräsentativen Marktquerschnitt, so wie die Indizes ihn repräsentieren, in einer einzigen Transaktion zu kaufen oder zu verkaufen. Käufer der Futures hoffen auf steigende Kurse, Verkäufer entsprechend auf fallende Notierungen. Gehen die Erwartungen des Future-Käufers in Erfüllung, so kann er den Gewinn realisieren, indem er die gleiche Anzahl Future-Kontrakte mit demselben Liefertermin zum inzwischen gestiegenen Preis wieder verkauft. Haben sich die Erwartungen des Verkäufers erfüllt, so kauft er analog die gleiche Anzahl Future-Kontrakte mit demselben Liefertermin zum inzwischen günstigeren Future-Preis und stellt sich damit profitabel glatt.

Risiko-management mit Index-Futures

Index-Futures sind hervorragende Instrumente des Risikomanagements für bestehende oder geplante Aktienbestände. Das Grundprinzip besteht dabei darin, bestehende oder zukünftige Aktienpositionen abzusichern, indem eine Gegenposition in *Index*-Futures aufgebaut wird.

Durch den Kauf von Index-Futures kann man sich das heutige Kursniveau für einen späteren Zeitpunkt sichern *(Long Hedge)*. Das ist beispielsweise dann von Bedeutung, wenn für einen zukünftigen Zeitpunkt Aktienkäufe geplant sind und man befürchtet, dass die Kurse bis dahin stark gestiegen sein werden.

Index-Futures ermöglichen es auch, sich durch den Verkauf einer entsprechenden Kontraktanzahl gegen Kursverluste des Gesamtmarktes abzusichern *(Short Hedge),* ohne Veränderungen im Depotbestand vornehmen zu müssen.

Glossar

Aktie: Wertpapier, das einen Miteigentumsanteil an einer Aktiengesellschaft verbrieft. Eine Aktie besteht aus → Mantel und → Bogen.

Aktienindex: Messzahl, die auf einen Blick angibt, wie sich die Aktienkurse (→ Kurs) eines Marktes im Schnitt entwickelt haben.

Aktienrückkauf: Rückkauf eigener Aktien durch eine Aktiengesellschaft

Aktionär: Aktienbesitzer

Amtlicher Markt: unter amtlicher Kontrolle stehender Wertpapierhandel an der → Börse. Es erfolgt eine amtliche Kursnotiz von vereidigten amtlichen Kursmaklern (→ Makler) für die Papiere, die zum amtlichen Handel zugelassen sind.

Arbitrage: Ausnutzen von Preisdifferenzen verschiedener Märkte. Man kauft also Wertpapiere an einem Ort und verkauft sie umgehend wieder an einem anderen.

Aufsichtsrat: Gremium, das den → Vorstand einer AG kontrolliert

Auskunftsrecht: das Recht des → Aktionärs, auf der jährlichen Hauptversammlung vom → Vorstand Auskunft zu verlangen

Ausübung: Verwendung des Optionsrechtes (→ Option)

Baisse: Kursrückgang (→ Kurs)

Basiswert: zu Grunde liegende → Aktie oder zu Grunde liegender Index (→ Aktienindex) beim → Optionsschein,→ Future oder einer → Option

Bear Market: schlechte Verfassung des Marktes mit rückläufigen → Kursen

Begebung: → Emission

behauptet: Der → Kurs hat trotz starken Verkaufsdrucks nicht wesentlich nachgegeben.

Belegschaftsaktie: → Aktie, die Mitarbeiter einer Aktiengesellschaft zu besonders günstigen Konditionen erwerben

Berichtigungsaktien: → Aktien, die zuzahlungsfrei an die → Aktionäre ausgegeben werden, wenn das → Grundkapital der AG aus eigenen Rücklagen (zurückgelegtes Kapital für besondere Anlässe) aufgestockt wird

bestens: Angabe der Kurshöhe (→ Kurs) bei einer unlimitierten Verkaufsorder (→ Limit)

Beta-Faktor: Messzahl der relativen Kursschwankungsintensität (→ Kurs)

bezahlt: Zu diesem → Kurs wurden Wertpapiere umgesetzt.

Bezugskurs: Preis, der beim Bezug einer → jungen Aktie zu bezahlen ist

Bezugsrecht: Recht zum Bezug → junger Aktien

Bezugsverhältnis: zahlenmäßiges Verhältnis zwischen alten → Aktien und den durch eine → Kapitalerhöhung neu hinzukommenden → jungen Aktien

billigst: Angabe der Kurshöhe (→ Kurs) bei einer unlimitierten Kauforder (→ Limit)

Bogen: Dividendenscheinformular, bestehend aus → Kupons und einem → Talon

Bookbuilding: Verfahren zur Festlegung des Ausgabekurses bei Aktienneuemissionen

Börse: Markt, wo → Aktien und andere Wertpapiere gehandelt werden

Börsenmakler: bringen an der Börse die Orders der Käufer und Verkäufer zusammen

Brief: Angebot, Verkaufsinteresse

Bull Market: gute Marktverfassung mit steigenden → Kursen

Call: Kaufoption (→ Option)

Chart: grafische Darstellung eines → Kurs- oder Indexverlaufes (→ Aktienindex)

Chartanalyse: Prognose der Kursentwicklung (→ Kurs) anhand der grafischen Darstellung des bisherigen Verlaufes

Courtage: Vermittlungsgebühr, die bei Abschluss eines Wertpapiergeschäftes an den Kursmakler zu zahlen ist

Covered Warrant: gedeckter → Optionsschein

Crash: rapider Kursrückgang (→ Kurs) innerhalb kurzer Zeit

DAX: Deutscher Aktienindex. Indikator für die Verfassung des inländischen Aktienmarktes. Im DAX sind 30 Standardwerte des Kurszettels enthalten.

Depot: Wertpapierkonto

Depotbank: Bank, bei der der Anleger ein Wertpapierkonto unterhält

Depotstimmrechtsvollmacht: Vollmacht des → Aktionärs an seine →Depotbank, ihn auf → Hauptversammlungen zu vertreten und für ihn abzustimmen

Discountbroker: Wertpapierhändler, die unter weitgehendem Verzicht auf Kundenberatung Wertpapierkäufe und -verkäufe sowie die Depotführung (→ Depot) zu niedrigen Gebührensätzen anbieten

Dividende: Gewinnanteil einer AG, der an die → Aktionäre ausgeschüttet wird

Dow, Charles Henry: amerikanischer Wirtschaftsjournalist. Er entwickelte den Dow-Jones-Aktienindex, die Dow-Theorie und begründete das Wall Street Journal.

Dow-Jones-Euro-Stoxx-50: Aktienkursindex der 50 europäischen Topwerte

DTB: die Deutsche Terminbörse mit Sitz in Frankfurt am Main war die erste vollcomputerisierte → Börse der Bundesrepublik Deutschland. Gehandelt wird hier mit → Terminkontrakten. Die DTB ist Teil der europäischen Computerterminhandelsplattform EUREX.

effektives Stück: Wertpapierurkunde, die auf Wunsch an den Kunden physisch ausgehändigt werden kann

Einheitskurs: → Kurs, der vom amtlichen Kursmakler (→ Makler) einmal täglich nach Angebot und Nachfrage ermittelt wird. Zum Einheitskurs werden alle Aufträge abgewickelt, die nicht die Stückzahl einer → Mindestschlussgröße erreichen. Der Makler prüft die ihm vorliegenden Kauf- und Verkaufsaufträge und ermittelt den → Kurs, zu dem der höchste Umsatz zu Stande kommt.

Emission: Einführung von → Aktien in den Handel

Ertragswert: Wert eines Unternehmens, ermittelt auf der Basis der zukünftig erwarteten Erträge

Euroland: wird hier als Begriff für den zusammenhängenden Wirtschaftsraum der EWU-Mitgliedsstaaten mit einheitlicher Euro-Währung gebraucht

Freiverkehr: Handelsebene des Börsenhandels für → Aktien, die nicht im → amtlichen Markt oder im → geregelten Markt gehandelt werden. Im Freiverkehr werden vorwiegend Auslandsaktien gehandelt.

Fundamentalanalyse: Analyse einer → Aktie oder einer Gruppe von Aktien anhand von fundamentalen (grundlegenden, wichtigen) Daten

Fusion: zwei oder mehr Gesellschaften schließen sich zusammen und verschmelzen zu einem Gesamtunternehmen

Future: → Terminkontrakt. Käufer und Verkäufer vereinbaren Zahlung und Lieferung eines Geschäftes für einen in der Zukunft liegenden Zeitpunkt.

Geld: Nachfrage, Kaufinteresse

Genussschein: Wertpapier, das Vermögensrechte an einem Unternehmen verbrieft, verbunden mit dem Anspruch auf Gewinnbeteiligung (Genussrecht), jedoch ohne Teilnahmeberechtigung an der → Hauptversammlung und ohne dortiges Stimmrecht

geregelter Markt: Handelsebene des Börsenhandels (→ Börse) für Wertpapiere, die nicht im → amtlichen Handel zugelassen sind. Dabei handelt es sich vorwiegend um Papiere mittelständischer Gesellschaften.

Geschäftsbericht: jährliche Information der Aktiengesellschaft an ihre → Aktionäre über den Verlauf des vergangenen Geschäftsjahres

Girosammelverwahrung: Zentralverwahrung von Wertpapieren bei einer Wertpapiersammelbank; buchmäßige Erfassung und Übertragung der Wertpapiere ohne Auslieferung von → effektiven Stücken an die Inhaber

Gratisaktien: → Berichtigungsaktien

Grundkapital: die Summe der → Nennwerte aller ausgegebenen → Aktien einer Gesellschaft

Hauptversammlung: jährliche Zusammenkunft der → Aktionäre einer AG oder ihrer bevollmächtigten Vertreter

Hausse: Kursanstieg (→ Kurse)

Index-Optionsschein: → Optionsschein, dessen Basiswert ein → Aktienindex ist

institutionelle Investoren: Großanleger wie z.B. Investmentfonds oder Versicherungen

Investmentfonds: Kapitalanlagegesellschaft, die die eingezahlten Gelder für ihre Kunden breit gestreut anlegt und dafür Anteilscheine ausgibt. Diese Anteilscheine werden nicht an der → Börse gehandelt.

junge Aktien: zum Zweck einer → Kapitalerhöhung neu ausgegebene → Aktien

Kapitalerhöhung: Aufstockung des → Grundkapitals einer AG

Kassakurs: → Einheitskurs

Konjunkturzyklus: Zeitraum, der verstreicht, bis die Konjunktur die aufeinander folgenden Phasen Aufschwung, Hochkonjunktur, Rückschlag und Tiefstand einmal komplett durchlaufen hat

Konsortium: Zusammenschluss mehrerer Banken zur Platzierung einer Wertpapieremission (→ Emission)

Konvergenzentwicklung: Angleichung der regionalen Marktbedingungen in EWU-Beitrittsländern

Kulisse: Freimakler (→ Makler) und Händler der Banken, die am Börsenhandel (→ Börse) direkt teilnehmen dürfen und auf eigene Rechnung kaufen und verkaufen

Kundenkommissionsgeschäft: Wertpapierhandel der Banken im Auftrag der Anleger

Kupons: die zum Aktienbogen (→ Bogen) gehörigen Dividendenscheine. Auf deren Vorlage wird die → Dividende ausgezahlt.

Kurs: Preis eines Wertpapiers, der sich nach Angebot und Nachfrage am Markt bildet, also nicht fest ist

Kursmakler: siehe Börsenmakler

Kurszettel: wird täglich nach Schluss der offiziellen Börsenzeit herausgegeben und in den Tageszeitungen und durch Aushängen bei Banken und Sparkassen veröffentlicht

Kurszusätze: Buchstaben als Abkürzungen für Begriffe aus der Börsensprache, die im → Kurszettel veröffentlicht werden

Laufindex: Index (→ Aktienindex), der in kurzen Intervallen laufend (z.B. minütlich) berechnet wird, sodass sich die Entwicklung kontinuierlich verfolgen lässt

Limit: Angabe des Höchstkurses (→ Kurs) bei einer Kauforder oder des Mindestkurses bei einer Verkaufsorder

Long: Käuferposition in einem → Terminkontrakt

Makler: siehe Börsenmakler

Mantel: Aktienurkunde, auf der der → Nennwert aufgedruckt ist.

Mindestschlussgröße: → Schluss

Nennwert: einem Wertpapier aufgedruckter fester Wert. Der Nennwert bezeichnet den auf eine → Aktie entfallenden Anteil am → Grundkapital. Der tatsächliche Kurswert (→ Kurs) des Wertpapiers kann weit über oder unter dem Nennwert liegen. Mit Einführung des Euro haben die meisten Gesellschaften jedoch auf nennwertlose Stückaktien umgestellt.

Neuemission: → Emission

Neuer Markt: Handelsplattform für Technologie- und Wachstumswerte an der Deutschen Börse

Nominalwert: → Nennwert

Option: Terminkontrakt, verbrieft das Recht, aber nicht die Pflicht, zu einem zukünftigen Zeitpunkt etwas zu einem festgelegten Basispreis zu kaufen oder zu verkaufen

Optionsanleihe: verzinsliches Wertpapier, verbunden mit einem Optionsrecht (→ Option) zum Bezug von → Aktien

Optionsschein: Wertpapier, das das Recht verbrieft, innerhalb einer Frist zu festgelegten Konditionen → Aktien zu erwerben

Order: Auftrag des Kunden an seine Bank, Wertpapiere zu kaufen/verkaufen

Parkett: Börsensaal

Portefeuille: → Depot

Provision: Vergütung, die Banken für die Ausführung eines Wertpapiergeschäfts in Rechnung stellen

Put: Verkaufsoption (→ Option)

Quotenaktie: nennwertlose Aktie, die einen Bruchteil, also eine Quote, der Gesellschaft repräsentiert; wird auch Stückaktie genannt

Rendite: Ertrag einer Anlage

Schluss: Mindeststückzahl eines Auftrags im → variablen Handel. Diese Stückzahl variiert von Börse zu Börse.

Shareholder Value: Maß für die an den Interessen der Aktionäre orientierte Unternehmenspolitik einer Aktiengesellschaft

Short: Verkäuferposition in einem → Terminkontrakt

Spekulationsfrist: Wird ein Wertpapier vor Ablauf der gesetzlichen Frist wieder veräußert, so gelten erzielte Kursgewinne als steuerpflichtiger Spekulationsgewinn.

Splitting: Verteilung des → Grundkapitals einer AG auf eine höhere Anzahl von → neuen Aktien mit geringerem → Nennwert. Dies wurde in den 90er-Jahren häufig vorgenommen, um alte Aktien im Nennwert von 50 DM in die zehnfache Anzahl von neuen Aktien im Nennwert von 5 DM umzutauschen, ohne dass sich dabei die Höhe des Grundkapitals insgesamt veränderte.

Stammaktien: reguläre → Aktien einer Gesellschaft, die bei der → Hauptversammlung voll stimmberechtigt sind

Stillhalter: Optionsverkäufer (→ Option)

Stückaktie: siehe Quotenaktie

Substanzwert: Wert eines Unternehmens, ermittelt aus der Summe seiner Vermögenswerte

Tafelgeschäft: Kauf oder Verkauf von Wertpapieren, wobei → effektive Stücke an den Kunden ausgehändigt bzw. von diesem angekauft werden

Talon: Erneuerungsschein am Ende des Dividendenscheinbogens (→ Bogen) einer → Aktie. Er berechtigt zum Bezug eines neuen Dividendenscheinbogens.

Taxe: geschätzter Kurs

technische Analyse: → Chartanalyse

Terminkontrakt: Geschäft, dessen Erfüllung für einen in der Zukunft liegenden Zeitpunkt vereinbart wird

Transaktionskosten: Kosten, die dem Anleger bei Kauf oder Verkauf von Wertpapieren an der Börse entstehen

Überzeichnung: bei einer Neuemission (→ Emission) von Wertpapieren herrscht mehr Nachfrage, als Papiere zur Verfügung stehen

Ultimo: Gültigkeitsfrist einer Order bis zum Monatsende

variabler Handel: der Handel umsatzstarker Standardwerte während der gesamten Börsenzeit. Im variablen Handel werden nur ganze → Schlüsse oder ein Vielfaches davon gehandelt. Die Mindeststückzahl für den Zugang zum variablen Handel variiert von Börse zu Börse.

variabler Kurs: Kurs umsatzstarker Standardwerte, der sich nach Angebot und Nachfrage während der gesamten Börsenzeit stets neu bildet. Die variable Notierung einer → Aktie kann sich also mehrmals täglich ändern.

Volatilität: Kursschwankungsintensität

Vorstand: führt die Geschäfte der Aktiengesellschaft und legt den → Aktionären darüber auf der → Hauptversammlung Rechenschaft ab

Vorzugsaktien: → Aktien, für die kein Stimmrecht auf der → Hauptversammlung gewährt, dafür aber meist Vorzugsdividende gezahlt wird

Wall Street: Sitz der New Yorker Börse. Der Name wird international als Synonym für den amerikanischen Aktienmarkt benutzt.

Wandelanleihe: festverzinsliches Wertpapier mit fester Laufzeit, das vom Inhaber innerhalb einer Wandlungsfrist gegen eine festgesetzte Zuzahlung in → Aktien umgetauscht werden kann

Xetra: Abkürzung für *Exchange Electronic Trading*, elektronische Handelsplattform der Deutschen Börse

Zeichnung: Erwerb von neu emittierten (→ Emission) Wertpapieren

Zusatzaktien: → Berichtigungsaktien

Zwischenbericht: Information einer im → amtlichen Markt gehandelten AG an ihre → Aktionäre zwischen zwei Geschäftsberichten. Inhalt des Berichtes ist der Geschäftsverlauf im vergangenen Halbjahr

Register